DANILA DE STEFANO

DENTRO LE MENTI, FUORI DAI TABÙ

Sperling & Kupfer

Pubblicato per

Sperling & Kupfer

da Mondadori Libri S.p.A.

DENTRO LE MENTI, FUORI DAI TABÙ

ISBN 978-88-200-8066-2

I Edizione ottobre 2024

Anno 2024-2025-2026 - Edizione 1 2 3 4 5 6 7 8 9 10

A tutti coloro che contribuiscono
con impegno e dedizione
a migliorare la vita delle persone

Indice

Introduzione

Siete pronti a intraprendere un viaggio che cambierà il vostro modo di vedere la salute mentale? O almeno spero.

Benvenute e benvenuti in queste pagine, dove parleremo di salute mentale, tabù, cultura psicologica ed esperienze personali; dove troverete storie di persone straordinarie che hanno scelto di condividere il loro vissuto per farsi portavoce di una battaglia condivisa; dove, spero, avrete modo di imparare molto sul tema della salute mentale, ma anche su voi stessi, la nostra società e i meccanismi che la permeano.

Cominciamo dall'inizio: perché ho scelto di dedicarmi alla scrittura di questo libro? Nel corso degli ultimi cinque anni, come fondatrice e CEO di Unobravo mi è stato proposto più volte, ma ho sempre rifiutato. Le ragioni erano due: il poco tempo da poter dedicare ad altro che non fosse la gestione di Unobravo e la convinzione che ci fossero ancora molte pagine da scrivere della mia storia personale e molte esperienze da vivere prima di potermi raccontare in un libro. Se oggi mi ritrovo qui, quindi, non è per raccontarvi di me, ma per fare qualcosa di più grande: condividere la mia missione che consiste nell'abbattere lo stigma che circonda la salute mentale.

Il libro che avete tra le mani racchiude le testimonianze di persone che hanno affrontato delle difficoltà e che poi hanno ritrovato il loro benessere mentale, sfidando pregiudizi e preconcetti. Le loro testimonianze autentiche non sono solo racconti, ma anche strumenti per comprendere e accettare le difficoltà che molti di noi affrontano quotidianamente. La salute mentale, infatti, è un tema troppo spesso circondato da paura e silenzio: queste voci coraggiose ci mostrano che non siamo soli nelle nostre battaglie.

L'obiettivo del libro è quindi duplice. Prima di tutto vuole rompere il silenzio che circonda tutto ciò che riguarda la salute mentale, promuovendo una maggiore consapevolezza sulla tematica. In secondo luogo spera di ispirare un cambiamento tangibile nella vita di chi lo legge, incoraggiando a cercare aiuto quando necessario, a condividere le proprie esperienze e a costruire una comunità di supporto più empatica e inclusiva. Ogni testimonianza, infatti, rappresenta un atto di coraggio, un ponte tra chi racconta e chi ascolta, e rafforza l'idea che affrontare la propria vulnerabilità non è una debolezza, ma una dimostrazione di forza interiore e di evoluzione personale.

In queste pagine troverete le storie di Luca, Tania, Gianluca, Rosa e Lauro. Ognuno di loro ha affrontato sfide uniche, dal bullismo all'abbandono, dal lutto alla lotta per essere accettato. Le loro esperienze ci insegnano che anche nei momenti più difficili è possibile trovare il modo di risalire. Attraverso il racconto del loro vissuto speriamo di ispirare altri a fare lo stesso, a condividere la propria storia in un progetto ben più ampio, che vada oltre i margini di questi capitoli.

Prima di arrivare alle loro storie, anch'io ho deciso di espormi: non posso chiedere ad altri di aprirsi senza farlo io stessa, non sarei coerente con la visione e la missione che mi muovono. Ci sarà quindi anche un capitolo che parla delle difficoltà che ho vissuto io, e dello stigma che, ahimè, in passato ha colpito anche me. Vi parlerò inoltre della nascita di Unobravo, raccontando di come la storia dell'azienda sia intrecciata alla mia per rendere giustizia al progetto che, come ho scritto nel primo capitolo, mi ha reso una persona a cui – pare – vale la pena di far scrivere un libro. Insomma, ho cercato di fornire un quadro più completo ed esaustivo possibile, attraverso il racconto di storie che parlano di salute mentale e i loro approfondimenti. Spero sia un percorso che vi renderà più ricchi e consapevoli.

Sappiamo che la strada verso la normalizzazione della salute mentale è ancora lunga, però ogni piccolo passo conta. La psicologia ci offre strumenti preziosi per comprendere e migliorare il nostro benessere mentale, tuttavia l'accesso a queste conoscenze è spesso limitato. Questo libro non pretende di colmare tale gap, ma vuole generare curiosità e spunti di riflessione, incoraggiando i lettori a cercare sia ulteriori informazioni da fonti autorevoli e ampie sia, se necessario, il supporto di un professionista. Ecco perché tra le pagine ho inserito anche alcuni specchietti informativi che offrono approfondimenti spiegati in modo semplice ma non riduttivo, così da dare un ulteriore strumento di lettura.

Attenzione, non bisogna cadere nell'illusione che la lettura di un paio di sintomi e la sensazione che essi ci sembrino esattamente ciò che stiamo vivendo ci diano la possibilità di autodiagnosticarci qualcosa: il nemico della normalizzazione è proprio l'iperaccessibilità delle informazioni che può portare all'autocura. Magari fosse così semplice, ragazzi miei: informiamoci, studiamo, miglioriamo la nostra cultura, ma se stiamo vivendo male e crediamo di avere «qualcosa che non va» filiamo dritti da un professionista. L'autodiagnosi e l'autocura possono essere estremamente pericolose.

Questi racconti sono tutt'altro che noiosi: moltissimi di noi sono curiosi di leggere cose riguardanti la psicologia, di comprendere meglio come le relazioni tossiche influenzino i nostri schemi cognitivi e comportamentali, come le droghe creino dipendenza nel nostro cervello in modi unici per ogni sostanza, e come l'ansia sia in realtà un meccanismo psicobiologico con manifestazioni specifiche e riconoscibili, quasi «meccaniche» nella loro precisione. Ogni giorno, migliaia di persone cercano risposte a queste domande sui vari motori di ricerca, sia per cultura personale sia per trovare soluzioni a problemi propri o altrui. Eppure, nonostante questo grande interesse, è un vero peccato constatare la scarsa cultura diffusa sulla psicologia e sulla psicoterapia. Fenomeni tanto affascinanti e cruciali rimangono spesso fuori dal nostro radar di formazione, fino a quando non ci colpiscono direttamente durante la vita. Quando abbiamo la sfortuna di vivere eventi spiacevoli, o ci troviamo in contesti che fanno emergere lati di noi che ci portano sofferenza, spesso ci accorgiamo di quanto poco sappiamo su come affrontare queste sfide.

Spero che questo libro non sarà per chi lo legge solo una raccolta di esperienze e curiosità scientifiche, ma un ulteriore passo verso una società più empatica e inclusiva. Ogni testimonianza rappresenta una piccola pietra miliare nel lungo percorso verso la normalizzazione della salute mentale. Le storie che contiene dimostrano come la condivisione possa trasformare la sofferenza individuale in una forza collettiva, capace di cambiare percezioni e abbattere barriere.

Anche se il percorso per scrivere queste pagine ha richiesto sacrificio, serate e weekend di lavoro, sono stata motivata dalla consapevolezza dell'importanza di questo impegno. Sono riuscita, grazie anche all'aiuto del mio team e di chi mi ha sostenuta in questo progetto, a dare voce ad alcune storie e a parlare di determinati fenomeni che meritano di essere raccontati, affinché in futuro la salute mentale non sia più un tabù ma un tema di cui discutere liberamente.

Invitiamo tutti voi a unirvi a noi in questo viaggio. Condividete le vostre storie, combattete lo stigma: ogni voce che si aggiunge è un passo avanti verso una società dove prendersi cura della propria salute mentale è finalmente considerato «normale». Insieme possiamo fare la differenza: più se ne parla, meno farà paura parlarne.

Grazie per essere parte di questo viaggio, per il vostro coraggio e per la vostra determinazione a rendere il mondo un posto migliore per tutti noi.

Da expat a «una brava»

Se avete tra le mani una copia di questo libro, che l'abbiate scovato in una libreria o cliccando su un link in uno store online, sappiate che il suo percorso fino a voi è frutto di un progetto ben più ampio. Un progetto grazie al quale la mia è diventata una voce a cui, pare, vale la pena di proporre di scrivere un libro.

Questo progetto ha il nome di «Unobravo», l'idea prima e l'azienda poi che mi hanno trasformata da ragazza volenterosa a imprenditrice di discreto successo. È la mia forma di rinascita e crescita, il modo che ho trovato per sviluppare al meglio le mie potenzialità, tutti quei pezzetti di competenza che ho sempre avuto dentro di me e che aspettavano solo il terreno più fertile per esprimersi: non solo gli studi, l'esperienza sul campo e il lavoro in ambito psicologico, ma anche la passione per il mondo digital, il marketing, il design, la comunicazione, le relazioni umane, le vendite e la gestione di progetti complessi. Unobravo è stato ciò che mi ha fatto trovare il mio posto nel mondo. Per questo motivo, ci tengo a raccontarvelo.

* * *

Dopo essermi laureata in Psicologia clinica presso l'Università La Sapienza di Roma, ho deciso di trasferirmi nel Regno Unito. A quel tempo – era il 2016 – prendere le valigie e spostarsi a Londra era piuttosto facile; la capitale britannica era la meta ancora europea di tantissimi giovani, che la consideravano la città delle possibilità. Io, a ventiquattro anni, volevo imparare l'inglese, volevo fare un'esperienza di vita diversa da quelle precedenti e volevo iniziare a lavorare quanto prima, cogliendo ogni opportunità che mi si fosse presentata.

Londra è una città che ti lascia a bocca aperta, a cominciare dal suo skyline notturno, con le luci, i grattacieli e la vastità che ti circonda. È un crocevia di culture dove a ogni passo si sentono lingue diverse, e dove ogni giorno si può scoprire qualcosa di nuovo da fare o da vedere: cibi mai assaggiati prima, professioni di cui non avevo mai sentito parlare fino a quel momento, angoli segreti di bellezza, musei, locali mai uguali l'uno all'altro. Londra è un teatro vivente in cui si svolgono un'infinità di esibizioni quotidiane, un palcoscenico pronto per essere calcato, che ti invita a partecipare e a lasciarti sorprendere dalla sua eterna novità.

Non è comunque una città facile: è una metropoli enorme, che nel suo essere dispersiva mette a dura prova le relazioni, e in cui il costo della vita pone un ostacolo non indifferente alla serenità di chi ha uno stipendio «normale». Io, però, non avevo grandi pretese, e sono sempre stata molto brava a trovare spazi e soluzioni economiche per la vita quotidiana. Non mi dispiaceva risparmiare ordinando una pizza e dividendola in due o bevendo solo acqua del rubinetto: le serate con Greg erano comunque divertenti e la sua compagnia trasformava questi momenti di semplicità in puro divertimento. Riuscivamo a trovare quella speciale magia urbana nelle piccole cose: una passeggiata lungo il South Bank al tramonto, la scoperta di un mercatino nascosto o il piacere di una risata condivisa sotto il cielo immenso di una Londra che non dorme mai. In quei momenti, le difficoltà della città passavano in secondo piano rispetto a una vita ricca di esperienze e crescita personale.

Appena arrivata dall'Italia trovai subito lavoro al Teresa House, un centro di assistenza per pazienti affetti da disturbi psichiatrici. Era un luogo complesso, che mi poneva numerose sfide, ma che in breve tempo divenne per me familiare. All'inizio il mio inglese era rudimentale, e ricordo molto bene i momenti di difficoltà, in cui temevo di fare gravi errori legati alla mia comunicazione zoppicante: mi sentivo a disagio e avevo paura di sbagliare. Ma la mia responsabile aveva avuto fiducia in me: «Vedrai che in poco tempo comunicherai molto meglio» mi ripeteva «datti tempo»; e così fu. Desiderosa di fare il mio lavoro nel modo migliore, mi sono sforzata al massimo e in breve ho colmato molte lacune, senza che i miei timori trovassero fondamento.

Nonostante la bellezza dello skyline, il divertimento e la fiducia della mia responsabile, vivevo un periodo duro: gli orari di lavoro erano estenuanti, io e Greg avevamo difficoltà a trovare momenti per vivere la nostra nascente relazione a causa dei reciproci impegni lavorativi, i cui orari non combaciavano; inoltre eravamo due persone tanto diverse da attrarsi, ma anche, spesso, da non capirsi e non trovarsi facilmente.

Le notti trascorse da sola in una casa di cura circondata da pazienti affetti da schizofrenia non erano rassicuranti, e il carico mentale era pesante da gestire in autonomia; infine, adattarsi a una metropoli così vasta, con amici e famiglia in un altro Paese, era tutt'altro che semplice. Fu allora che decisi di cercare un rifugio personale, qualcuno con cui confrontarmi per dare voce alla mia fatica, un luogo dove poter ricevere supporto psicologico. Come amo ripetere: anche gli psicologi hanno bisogno di altri psicologi!

Londra, città cosmopolita e densamente popolata da italiani, offriva in teoria numerose opportunità di assistenza psicologica nella mia lingua madre. Tuttavia, mi scontrai con la realtà dei costi proibitivi e di lunghe liste d'attesa: per me fu impossibile trovare un professionista con cui intraprendere un percorso terapeutico. Così, la sensazione di non riconoscere il mio posto nel mondo aumentava, mi sentivo persa e non avevo un pensiero positivo a cui aggrapparmi. Una situazione tanto assurda quanto ingiusta, che accese in me la lampadina della curiosità, dandomi l'energia per reagire. Mi chiesi: siamo milioni di italiani all'estero, quanti di noi non riescono ad accedere al sostegno psicologico di cui hanno bisogno? Se la salute è un diritto, chi si occupa di garantire quello alla salute mentale? Com'è possibile che nel 2017 non ci abbia ancora pensato nessuno? Una soluzione esiste?

Queste domande furono il primo seme, da cui, tempo dopo, germogliò l'idea vera e propria. Di strada in mezzo ce n'è stata tanta.

Innanzitutto, mi sono dovuta domandare se la moderna

tecnologia fosse uno strumento corretto da usare. Figlia indiscussa della fenomenologia di fine Ottocento e della psicoanalisi freudiana, quella «da lettino», la psicologia per come la conoscevamo in Italia in quel periodo si faceva forza della seduta in presenza per creare il fondamentale legame terapeuta-paziente e per rendere disponibili allo psicologo alcuni strumenti di valutazione come i gesti, il linguaggio del corpo, l'orario di arrivo in studio e tanti altri elementi del setting. È vero che questi elementi sono disponibili solo «dal vivo», ma sono effettivamente loro a determinare una terapia di successo? Quale peso hanno rispetto alle altre variabili? E soprattutto, se l'alternativa è l'impossibilità di accedere alla terapia, come stava succedendo a me, non siamo di fronte a uno di quei casi in cui il meglio, l'ottimo teorico, è nemico del bene, il buon risultato pratico?

Quando ho iniziato a pormi queste domande, in Europa l'uso della tecnologia nel campo del sostegno psicologico era quasi inesistente; non solo: mancava proprio una qualsiasi discussione sulla sua opportunità, e gli studi scientifici sulla sua efficacia erano pochi e appena approcciati. Panorama diverso quello statunitense, avanti di almeno dieci anni sia per offerta del servizio sia per le ricerche scientifiche al riguardo. Da noi la questione non era mai stata posta, e l'opzione della terapia tramite videochiamata ignorata, prima ancora che criticata. Esemplare la mia primissima ricerca sull'argomento, dopo l'intuizione che avevo avuto. Chiesi a Google: «La terapia online è legale?» La risposta fu sì; e, dopo anni di pratica, decine di migliaia di psicologi e psicoterapeuti finalmente all'opera e studi scientifici sempre più numerosi, posso assicurare che funziona pure.

* * *

Cominciai a presentarmi come psicologa online nel 2018, facendo un'autopromozione rudimentale tra gli italiani expat in tutto il mondo: scrivevo su vari gruppi Facebook come «Italiani a Praga», «Italiani in Francia», «Italiani negli Stati Uniti» e così via. All'epoca i gruppi erano più accessibili di oggi, e offrire i propri servizi era più semplice. Messaggi quali «Ciao, mi chiamo Danila De Stefano e lavoro come psicologa online per italiani residenti all'estero. Se desideri saperne di più, qui trovi il mio sito web» erano immediati ed efficaci. L'essere sempre stata una «smanettona», inoltre, mi ha anche permesso di realizzare il mio primo sito web da sola.

Ho lavorato con pazienti residenti in luoghi come la Nuova Zelanda, il Cile, la Repubblica Ceca, la Francia, la Svezia, la Svizzera, il Mozambico, il Sudafrica e lo stesso Regno Unito. Ascoltare storie tanto diverse, inserite in contesti culturali così lontani, era per me fonte di grande fascino e mi ha arricchita immensamente, sia sul versante professionale sia su quello personale. I pazienti apprezzavano una psicologa che, come loro, aveva vissuto le difficoltà di integrazione in un nuovo Paese.

Seduta dopo seduta, mi resi conto che la terapia online non solo era praticabile, ma poteva anche essere incredibilmente efficace! Avevo già letto gli studi internazionali che lo confermavano, ma verificarlo personalmente è stato diverso: vedere concretizzarsi ottimi risultati migliorando la vita delle persone che seguivo era un feedback rassicurante e una grande soddisfazione.

Avevo anche dei dubbi, però, ed erano legati principalmente alla possibilità di stabilire, tra terapeuta e paziente, un'alleanza terapeutica efficace. Lo schermo, infatti, è un mezzo che filtra e crea necessariamente distanza, limita lo sguardo e non consente l'accesso ad alcuni elementi del famoso setting terapeutico. Tuttavia, contrariamente alle mie aspettative, è pure uno strumento capace di restituire moltissimo della persona con cui ci interfacciamo: si colgono comunque gesti, tono della voce, microespressioni e tutto quello che serve per costruire empatia e relazione.

Interessante è anche il fatto che online si ha accesso a informazioni che invece sarebbe impossibile cogliere in presenza; una stanza rigorosamente in ordine, un famigliare che prova ad ascoltare la conversazione, un ritardo quando non ci si deve immettere nel traffico ma basta cliccare un tasto: tutti questi elementi, e tanti altri, possono dire molto della persona, del rapporto paziente-psicologo.

Le interazioni a distanza possono essere profonde e significative, e quella tra psicologo e paziente non è da meno. La difficoltà, all'epoca, era che, mentre le caratteristiche del setting «tradizionale» venivano insegnate fin dall'università, il setting online era un territorio nuovo, da scoprire e adattare. Certo, oggi quest'affermazione può sembrare banale, ma ripensiamo al 2018, a quante cose erano diverse e a quanto poco si usava la tecnologia rispetto a ora, a quanto le connessioni internet veloci non fossero ancora presenti in tutte le città italiane, prima del Covid, della diffusione dello smart working, dei piani tariffari con giga illimitati. In quel periodo pensare a una terapia online come paritaria ed equiparabile a una dal vivo non era così scontato, e il quadro peggiora se pensiamo al fatto che quasi nessuno proponeva a chi cercava aiuto questa possibilità, che andava tutt'al più scovata da soli.

Le esperienze con i miei pazienti, però, mi hanno fatto comprendere fin da subito che poteva funzionare: ho condiviso tour virtuali delle loro abitazioni, festeggiamenti per traguardi lavorativi raggiunti o per la pubblicazione di articoli scientifici dopo tante difficoltà, la gioia di nuove nascite e di partner ritrovati. La pratica mi ha rivelato i numerosi vantaggi di avere un supporto psicologico sempre a portata di mano e «tascabile», così come la possibilità di istituire un'alleanza terapeutica autentica, a prescindere dal filtro dello schermo, sulla quale basare il lavoro successivo. Questi legami non solo hanno rafforzato le mie convinzioni sulla validità della terapia online, ma mi hanno permesso anche di stabilire connessioni umane genuine e profonde, superando i limiti fisici imposti dalla distanza.

ALLEANZA TERAPEUTICA

L'alleanza terapeutica rappresenta il fondamento cruciale su cui si edifica un efficace percorso di sostegno psicologico e di psicoterapia. Questo legame si viene a creare attraverso l'interazione fra terapeuta e paziente, e si basa su una chiara definizione dei compiti e sulla disponibilità di entrambi a collaborare per raggiungere obiettivi definiti, che possono variare dal risolvere problemi specifici del paziente al migliorare aspetti qualitativi della sua vita (Norcross,

Lambert, 2018). Elemento centrale di questa alleanza è il legame empatico tra le parti, che deve essere caratterizzato non da un'amicizia, ma da fiducia e rispetto reciproci, che vanno guadagnati e costruiti insieme e non possono essere dati per scontati (Horvath et al., *2011). Questo tipo di connessione non è meramente affettiva, è una componente strategica essenziale, che consente un percorso terapeutico fruttuoso: come posso seguire le indicazioni di una persona, se non mi fido di lei? Se il professionista non si concentra prima di tutto sul creare l'alleanza terapeutica, il rischio è che applicare anche la migliore tecnica psicoterapica potrebbe risultare non efficace (Zilcha-Mano, 2017).*

Ho quindi maturato la credenza che il cuore di un'alleanza terapeutica e di un percorso psicologico efficaci risieda nella competenza e nell'empatia del professionista, e non dipenda dalla presenza nello stesso luogo di psicologo e paziente. Ottenni una risposta importante dalle persone che stavo seguendo, che molto spesso consigliavano le sedute online con me anche ad amici e parenti, per cui mi sono trovata costretta a spingermi oltre la semplice autopromozione, per rispondere, in sinergia con altri colleghi, alla domanda crescente di supporto psicologico a distanza. Così è nata la seconda idea, dopo quella delle sedute via internet: una piattaforma che potesse accogliere diversi psicologi e psicoterapeuti, bravi e capaci di lavorare con la terapia online, per offrire sostegno psicologico a distanza a sempre più persone grazie alla sua accessibilità.

Fino a quel momento avevo raccolto numerose informazioni sul mercato della terapia online, studiato approssimativamente i dati dei miei pazienti e compreso problematiche, preoccupazioni, desideri, obiettivi raggiunti o meno. Mi ha aiutato la mia natura un po' nerd: amavo esaminare dati, pattern di comportamento, bisogni e difficoltà da affrontare, problemi da risolvere e metodi per raggiungere nuovi pazienti. Avevo intenzione di creare un servizio che non solo si avvalesse delle conoscenze pratiche che stavo sviluppando, ma che rispecchiasse in qualche modo l'atmosfera, l'atteggiamento, i valori e le metodologie che mi avevano permesso di entrare in sintonia con i pazienti e di comprendere le loro esigenze, così da poter portare altri professionisti a costruire una solida alleanza terapeutica anche online. Ed ecco la primissima bozza della cultura aziendale che ho poi consolidato in Unobravo tempo dopo.

Una buona idea, però, non basta a fare un'imprenditrice. Un'imprenditrice la fanno le sveglie biologiche alle cinque del mattino per continuare le ricerche di mercato, per buttare giù i punti chiave del progetto, per creare un buon *elevator pitch* rivolto a professionisti e tecnici del settore, per scrivere le linee guida destinate ai terapeuti in modo da aiutarli nel lavoro sulla mia piattaforma, così da rispettarne il cuore, la missione: cuore e missione che dovevano essere spiegati e comunicati. Ho scritto slogan, descrizioni brevi, iniziato a programmare il mio secondo sito web *no code*, ho analizzato i grandi servizi di terapia online attivi soprattutto negli USA studiandone la monetizzazione, ho cercato di identificarne i modelli elencando caratteristiche ricorrenti, pregi e difetti. Tutto questo sarebbe diventato il prototipo iniziale di Unobravo. La cosa simpatica è che molti dei termini tecnici che adesso utilizzo tutti i giorni neanche sapevo che cosa significassero. Per esempio: prima ancora di sapere che si chiamasse così, avevo già trovato il *product-market fit*. È stato un lavoro solitario e istintivo, faticoso e anche un po' ossessivo, incastonato nel panorama di una grigia estate inglese insieme a Greg. Era un lavoro che mi appassionava, che ero felice di fare, guidata da un'energia interna che proveniva da non so cosa; semplicemente, mi piaceva ciò che stavo costruendo e ci credevo.

Il sito era quasi pronto, ma trovare il nome giusto si stava rivelando complicato, dato che desideravo che fosse «super». Avevo considerato varie opzioni, da «E-mind» a «Terapeuti senza frontiere», che però sembrava richiamare troppo un'organizzazione non-profit, passando per nomi più fantasiosi come «Terapisù, la terapia su misura per te» e altri che semplicemente non suonavano giusti e forse non avrebbero funzionato. Davanti a me, un tavolino coperto di fogli pieni di scarabocchi, accostamenti e anagrammi, espressioni e giochi di parole. Mentre mi trovavo in questo mare di idee, un pomeriggio alzai lo sguardo verso Greg: «Ma certo, "Unobravo"!»

Greg si innamorò all'istante del nome, io invece inizialmente esitai, temendo che gli psicologi potessero detestarlo per la sacralità che tradizionalmente percepivo associata alla materia, in contrasto con l'ironia della mia proposta. Greg insisteva: «Ti prego, ti prego, ti prego, non cambiare idea, funzionerà». Alla fine mi decisi: il mio sito si sarebbe chiamato Unobravo. In fondo, i nomi «neutri» non mi sono mai piaciuti: meglio divisivo che banale.

Volete sapere quanti tra psicologi e pazienti hanno criticato il nome? Innumerevoli. Ma chiedetemi anche se credo che avremmo raggiunto lo stesso successo con un nome diverso. La mia risposta è un indubbio no.

Unobravo non è solo un nome, ma ha la forza di un manifesto, di una dichiarazione di intenti: si è rivelato un termine *disruptive*, che rompe con la solennità ma anche con la gravosità percepita di un campo che, a mio avviso, necessitava di essere reso più accessibile, comune, e forse più «giovane». È un'espressione che accorcia le distanze, che parla di un servizio abbordabile, alla portata di tutti, che trasmette un messaggio di incoraggiamento. Ironico com'è, sembra dire «Non avere paura»: figuriamoci se puoi spaventarti di un servizio che si chiama Unobravo. Paura che invece molti, troppi, avevano e hanno ancora oggi della psicologia e della psicoterapia, del guardarsi dentro, dello sguardo e del potenziale giudizio di un professionista o del proprio, una volta che ci si inizia a conoscere meglio.

Allo stesso tempo, il nome afferma che dietro quello schermo c'è «uno bravo»: riflette la mia scelta di collaborare con professionisti competenti e talentuosi, dotati dell'esperienza necessaria per gestire autonomamente i pazienti, e dell'empatia indispensabile per allinearsi alla nostra missione e alla nostra atmosfera. L'alleanza terapeutica doveva essere centrale e fondamentale, superando lo schermo e le distanze.

* * *

Era l'8 agosto 2019 quando ho premuto il tasto «invio» pubblicando contemporaneamente le pagine social e il sito di Unobravo, con i primi nove volti di psicologi e psicoterapeuti. È iniziato così un percorso incredibile, accanto a persone eccezionali, come Corena Pezzella, compagna di università, amica e collega che con entusiasmo è saltata subito a bordo, e Valeria Fiorenza Perris, conosciuta al telefono durante la primissima selezione di professionisti per la piattaforma e rivelatasi in poco tempo una delle migliori psicoterapeute che abbia mai conosciuto; sono poi diventate rispettivamente HR Clinical Manager e Clinical Director di Unobravo. Poco dopo, Gregorio Maria Diodovich, di cui abbiamo già parlato in questo capitolo come Greg, il mio compagno di vita, si è talmente appassionato al progetto da mollare ufficialmente il suo lavoro da ingegnere e imbarcarsi in questa meravigliosa avventura insieme a noi, come «tuttofare» prima e come Chief Operating Officer più avanti.

Il seguito della storia di Unobravo prima o poi arriverà, per ora vi lascio con la potenziale curiosità di sapere che cosa è avvenuto dopo quell'8 agosto: è troppo presto per raccontarlo, c'è ancora tanta strada da percorrere.

Che cos'è Unobravo

Un servizio accessibile, che funziona bene e che lascia soddisfatto chi ne usufruisce è il miglior biglietto da visita per tutto il settore che quel servizio rappresenta, e contribuisce ad ampliare le conoscenze e il dialogo attorno a esso. Questo discorso vale per tantissimi ambiti: il modo più indicato per avvicinare i bambini allo sport è offrire centri sportivi, club, campi e attrezzature a prezzi accessibili; la natalità aumenta quando vengono finanziati asili nido e congedi parentali; un bel film, coinvolgente, incentrato su un tema che sta a cuore al pubblico e di cui si discute molto, può portare al cinema persone che da anni non entravano in una sala.

Fin da quando ho cominciato a lavorare come psicologa, anzi, già da prima, da quando studiavo e ho riguardato ai miei momenti di difficoltà con occhio più attento, ho capito che uno dei motivi per cui le persone non curano il proprio disagio psichico è che non si sentono a loro agio nell'affrontare il tema della salute mentale, sia con gli altri sia, soprattutto, con loro stesse. Lo stigma che ancora avvolge questo tema viene interiorizzato da moltissimi, forse da tutti, seppur in modi e con profondità diversi, e questo pone un grande problema: chi ha bisogno di aiuto non lo cerca, o si ferma alla prima difficoltà.

Quante volte avete sentito dire da un'amica che ha provato un parrucchiere, non le è piaciuto e quindi non ci tornerà mai più? Può capitare. L'amica proverà altri parrucchieri, fino a trovare quello giusto; di certo non lascerà crescere i capelli per sempre! Eppure, sulla salute mentale ho sentito dire innumerevoli volte: «Ho fatto delle sedute, è stato inutile, quindi la psicologia non serve a niente, già lo sapevo». In questo caso, metaforicamente, lasciamo crescere i capelli per sempre, invece di capire come riuscire a tagliarli per bene. Perché in questo settore ci arrendiamo subito?

Non basta quindi offrire un servizio di psicologia online

accessibile: bisogna farlo al meglio, permettendo alle persone di avvicinarvisi con facilità, senza intoppi, e di avere possibilmente fin da subito un'esperienza positiva, che consenta loro di sentirsi a proprio agio e di abbattere, almeno in parte, lo stigma. È indispensabile essere impeccabili per non alimentare la diffidenza nei confronti di un tema già troppo ignorato e su cui le idee sbagliate sono innumerevoli. Serve promuoverlo con serietà, impegno e testardaggine, perché più se ne parla, meno sembrerà strano parlarne.

Per questo ho impostato subito il lavoro per Unobravo su tali direttrici, attraverso strategie formulate grazie a un'analisi attenta e innovativa del mondo della psicologia e della salute mentale. Inizialmente con pochissime risorse, poi man mano migliorando sempre più questo lavoro.

Per prima cosa mi sono concentrata sui bisogni dei pazienti, in modo da eliminare il più possibile gli «ostacoli all'ingresso». Non era difficile notare come chi si avvicina a un percorso psicologico per la prima volta faccia fatica a individuare il professionista giusto, brancolando nel buio tra scuole di pensiero, orientamenti e indirizzi. Così si finisce per chiedere consiglio a un amico e basarsi sul passaparola, senza considerare che è possibile avere esigenze diverse, che richiedono specialisti diversi; oppure se ne sceglie uno a caso, rischiando di trovare qualcuno non adatto, o semplicemente con cui per qualunque motivo non ci si trova bene, perdendo fiducia e speranza. Infatti, un fallimento con un primo terapeuta non di rado porta a considerare inutile l'intero campo della psicologia: spesso un percorso di terapia abbandonato non viene più ripreso, come raccontavo nella metafora del parrucchiere.

Chi cerca un aiuto, online o meno, può essere incerto

sulle differenze tra psicologi, psicoterapeuti e psichiatri, o indeciso sulla corrente terapeutica da seguire: cognitivo-comportamentale; sistemico-relazionale; psicodinamica; psicoanalitica; breve strategica... Spesso ci si ritrova a scorrere una lista infinita di professionisti, alcuni con recensioni e altri senza, con o senza un bel sorriso in foto, e con titoli e specializzazioni spesso incomprensibili. Come scegliere?

Non volevo che questo fosse un motivo di frustrazione e abbandono. Così ho deciso di semplificare il processo, fornendo ai potenziali pazienti uno strumento in più. Sul nostro sito chi cerca aiuto risponde a un semplice questionario, senza tecnicismi e *user-friendly*, con il quale ci spiega dettagliatamente di che cosa sente il bisogno di occuparsi. Unobravo incrocia tali necessità con le diverse competenze dei suoi specialisti e suggerisce il professionista più adatto alle esigenze espresse.

Abbiamo quindi capovolto il tema. La persona non deve scegliere, deve fare qualcosa di più spontaneo e semplice: spiegare come si sente, cosa la preoccupa, cosa vorrebbe ottenere, di cosa ha bisogno ed eventuali sintomi correlati. E il primo scoglio è così superato. Può anche darci indicazioni sul terapeuta che immagina per sé, comunicandoci se si sentirebbe più a suo agio con un uomo, una donna, un coetaneo, una persona più grande: cosa che implicitamente farebbe in ogni caso, anche se si trovasse di fronte a una vetrina con centinaia di professionisti tra cui scegliere. Insomma, ci mettiamo immediatamente a disposizione di chi arriva da noi per accompagnarlo in questo nuovo territorio: d'altronde siamo noi gli esperti, e quindi siamo noi che gli consigliamo chi può affrontare il percorso insieme a lui, affinché abbia la maggior probabilità di successo. Stiamo dicendo a chi ci trova, mentre cerca aiuto: «Fidati di noi!»

Oggi tutto ciò può sembrare banale, ma anni fa non era così. La normalità, almeno in Italia, erano le liste di professionisti, online e offline. Quasi tutti i competitor arrivati dopo di noi hanno di fatto applicato la nostra intuizione del questionario, con le domande da noi studiate, e di questo sono felice. Creare il *new normal*, la nuova normalità, anche a piccoli passi, è motivo di orgoglio per me e per il team di Unobravo.

Inoltre, il primo colloquio conoscitivo è sempre gratuito, per abbattere anche la barriera del «rischio di pagare per qualcosa che non fa per me», emersa tanto spesso nei nostri sondaggi e ricerche come una delle principali motivazioni per non iniziare nemmeno. Il futuro paziente può conoscere il professionista selezionato grazie al questionario, spiegare ancor meglio qual è la sua difficoltà e porre eventuali quesiti. Questo, nella terapia in presenza, spesso accade comunque con una telefonata al numero reperito online, con messaggi o altre forme di comunicazione: si fanno domande, si avverte il primo feeling e si decide se quel terapeuta ci convince e se vogliamo dargli una possibilità. Allo stesso tempo lo psicologo può comprendere se c'è altro di rilevante oltre a quanto emerso nel questionario, e se ritiene di essere il professionista adatto, come da Codice Deontologico degli Psicologi Italiani. Insomma, abbiamo provato a standardizzare un qualcosa che in varie forme è molto comune e che avrebbe aiutato i potenziali pazienti a iniziare. E ha funzionato.

* * *

La mia convinzione fondamentale è che un'alleanza terapeutica efficace, pilastro di ogni terapia di successo, dipenda molto più dalla competenza e dall'empatia del professionista che da tutti i fattori esterni, come il mezzo con il quale si fanno le sedute. Perché ciò funzionasse, servivano quindi terapeuti competenti, con esperienza, professionali, diversi ed entusiasti, che credessero nel progetto, a maggior ragione in un periodo in cui la terapia online era una cosa nuovissima. Non volevamo essere un bacino in cui chiunque può tuffarsi sperando di racimolare qualche paziente in più al mese, ma una sorta di movimento, un progetto serio ed esteso in cui credere e al quale collaborare tutti per crescere e lavorare in un modo nuovo e virtuoso.

Pertanto, decisi che i professionisti che volevano farne parte non avrebbero potuto «iscriversi» in maniera autonoma alla piattaforma, ma andavano selezionati, in modo da garantire ai pazienti la verifica di accedere solo a professionisti accreditati e che avessero i requisiti richiesti, così come a un servizio di qualità; e per farlo erano necessari psicologi e psicoterapeuti con esperienza adeguata. Questa, troppo spesso, viene data per scontata, però purtroppo non è così. È una conversazione scomoda che non molti vogliono fare, ma che noi abbiamo deciso di portare avanti. Era fondamentale per noi che i terapeuti fossero autonomi nel lavoro con i pazienti, cosa di cui ci siamo sempre accertati.

Comunque, l'impegno richiesto è a doppio senso, la fiducia è reciproca, e questo si riflette anche sul nostro ritorno economico. Lo so che non è considerato elegante parlare di soldi, ma è fondamentale per una conversazione trasparente e sincera, e per spiegare un altro motivo del successo di Unobravo.

Avevo notato che molti siti dedicati alla ricerca di specialisti sanitari richiedevano ai professionisti un pagamento mensile o annuale per essere inseriti negli elenchi e sponsorizzati più in alto o più in basso, suscitando numerose lamentele per i costi elevati che non sempre garantivano un ritorno adeguato in termini di pazienti e lavoro. Questi portali puntavano sulla quantità dei professionisti, visto il loro modello di business, e agli utenti risultavano centinaia, se non migliaia, di terapeuti o medici tra cui dover scegliere, senza ulteriori meccanismi di allocazione dei guadagni per i professionisti. Di fatto alcuni professionisti, pur essendo ottimi a livello tecnico, magari non avevano successo a causa della scelta di una tariffa non competitiva per quella città, di una localizzazione troppo periferica, della lentezza nel rispondere ai messaggi dei potenziali pazienti o di altre pratiche non virtuose che abbiamo avuto modo di osservare. Insomma, questi siti rendevano più difficile il primo contatto tra professionista e paziente e spesso rendevano gli psicologi insoddisfatti del numero di pazienti che si ritrovavano ad avere, qualunque fosse la causa.

Consapevole delle lamentele, e avendo una mia opinione su come fosse possibile risolvere il problema, decisi di adottare un approccio diverso con Unobravo: invece di imporre un costo al professionista per apparire sulla piattaforma, avremmo guadagnato una percentuale su ogni singola seduta. In questo modo si crea una situazione vantaggiosa per entrambi, un modello *win-win*: se lo psicologo guadagna, guadagna anche Unobravo; viceversa, se lo psicologo non guadagna, neanche Unobravo guadagna. La piattaforma sarà quindi incentivata a procurare pazienti a tutti i professionisti, i quali avranno un'agenda sempre più piena in base alla loro disponibilità. Gli psicologi non devono pagare o anticipare neanche un euro, il che è rassicurante, perché permette di lavorare senza rischi di investimenti ingenti a fronte di risultati potenzialmente deludenti. Gli obiettivi sono allineati, si lavora per uno scopo comune e si incoraggia la qualità del servizio: si guarda nella stessa direzione e si guadagna solo se si lavora bene.

In più, dato che la professione dello psicologo è spesso solitaria, con scarse occasioni di confronto professionale, ho ritenuto essenziale non lasciare gli psicologi isolati, ma inserirli in una rete che offrisse supporto, dialogo e opportunità di crescita continua e stimolante. Anche questo, purtroppo, era una novità: gli psicologi spesso si ritrovano a essere tanti «isolotti» separati, ciascuno chiuso nel suo studio, senza occasioni di discussione continua con altri professionisti, fattore che invece è uno degli elementi essenziali per la crescita personale e professionale in qualunque ambito lavorativo. La rete che propone Unobravo non consiste solo nella possibilità di connettersi e confrontarsi con i colleghi; si tratta di un supporto reale e competente offerto da professionisti retribuiti: una struttura complessa e onerosa da gestire, che dimostra quanto crediamo, come azienda, nella strategia della condivisione e nella qualità ultima del servizio che andiamo a offrire. Questo aspetto, tutt'oggi, è uno dei più apprezzati dai nostri psicologi e psicoterapeuti.

Tutto questo poneva le basi per un sistema innovativo, con grandi possibilità di crescita, che ha molto presto iniziato a dare i suoi frutti. Ma, mentre la popolarità del servizio cresceva, io mi convincevo che mancasse ancora qualcosa.

Perché alla fine tornavo sempre su quel punto: sullo stigma, la scarsa cultura e le credenze errate che fanno da barriera all'accesso alla cura psicologica, e quindi da ostacolo al benessere del singolo e della collettività.

Parlare della salute mentale, creando un movimento contro lo stigma, poteva essere non solo un modo per promuovere il servizio, ma anche un'opportunità per sfruttare la crescente visibilità di Unobravo ed esercitare un impatto sociale più esteso della semplice vendita. Mi sono posta un obiettivo che ambiva e ambisce a un cambiamento culturale positivo e profondo: riformare la percezione generale e migliorare la comprensione collettiva della salute mentale in Italia. Obiettivo addirittura più ambizioso degli altri, ma necessario. Ed ecco quindi i progetti per diffondere la cultura del benessere mentale, che dal 2022, ovvero da quando, dopo la pandemia, abbiamo potuto riprendere a uscire di casa, portiamo avanti con convinzione e forza: da eventi e incontri dal vivo alle partnership con leader nel settore ed enti governativi, ma anche collaborazioni con le aziende per promuovere la cultura del benessere mentale sul posto di lavoro.

Tutte queste attività hanno un duplice scopo: farci conoscere, ovviamente, ma anche rompere barriere, migliorare la cultura psicologica e abbattere lo stigma che circonda la salute mentale.

Avvicinare le persone alla terapia può passare pure attraverso un benefit lavorativo: sedute acquistate dall'azienda per i suoi dipendenti, un focus group o un workshop in ufficio.

Il luogo di lavoro è uno degli ambienti dove è più difficile parlare di salute mentale, in quanto incarna perfettamente l'ecosistema della performance: infatti, spesso abbiamo paura che la nostra vulnerabilità venga usata a nostro svantaggio, che influenzi negativamente l'opinione che i nostri colleghi e i nostri superiori hanno di noi, perché non vogliamo passare per quelli problematici o «deboli» ma puntiamo a crescere. Dunque è proprio il luogo di lavoro uno dei contesti su cui dobbiamo agire maggiormente per abbattere lo stigma. Un'azienda che promuove la salute mentale non solo fa una cosa eticamente encomiabile, riconoscendo che chi decide di prendersi cura di sé e di parlarne è coraggioso e maturo, ma diventa anche nostra partner in questa lotta ai pregiudizi, facendoci raggiungere tante persone «in un colpo solo».

Questo libro non vuole essere il punto di arrivo del percorso messo in atto da Unobravo per combattere lo stigma sulla salute mentale, ma un nuovo punto di inizio per andare anche oltre. C'è ancora tanta strada da fare e spero che il libro sarà un preziosissimo tassello di questo percorso difficile ma colmo di speranza per il futuro, grazie ai risultati tangibili che spesso sanno di «piccolo miracolo» compiuto.

Con il tempo, come ho già detto, sono emerse numerose piattaforme di terapia online che hanno adottato il nostro stesso modello (il *matching*, la selezione, la monetizzazione ecc.). Questo fenomeno è comune in settori con basse barriere all'ingresso, dove le idee possono essere facilmente replicate. Per me è motivo di grande soddisfazione ripercorrere i passaggi che hanno portato alla concezione, allo sviluppo e alla validazione di questi elementi, ora considerati la nuova normalità della terapia online in Italia. Aver influenzato un cambiamento importante per un intero settore è un privilegio.

Nel corso di questi cinque anni dalla sua fondazione, Unobravo è diventata un'azienda con oltre 300 dipendenti e collaboratori, in tre paesi europei, più di 7.000 psicologi e psicoterapeuti (di cui circa l'88% sono donne), oltre 250.000 pazienti supportati, più di 4 milioni di sedute erogate.

Spesso mi chiedono come sia riuscita a compiere «il grande salto» che mi ha portata dall'essere una psicologa al diventare un'imprenditrice che gestisce un'azienda così grande e complessa, un lavoro completamente diverso. In realtà, non esiste un unico «grande salto»: i traguardi si raggiungono attraverso molti «piccoli salti», uno dopo l'altro, effettuati con maggiore o minore rapidità e costanza. Noi abbiamo scelto di procedere con rapidità, affrontando la fatica e l'incertezza ma raggiungendo obiettivi che nemmeno io credevo possibili.

È una soddisfazione immensa, oggi, riuscire a essere una risorsa per così tanti pazienti, ma anche lavorare con così tanti psicologi e psicoterapeuti, categoria purtroppo gravemente inoccupata con stipendi medi insufficienti nel nostro Paese (ENPAP, 2023). Il 97% dei nostri professionisti riporta un aumento dei guadagni mensili, come dimostra uno studio dell'Università Cattolica del Sacro Cuore (2024). Unobravo è una risorsa anche nel mondo del lavoro e questo mi riempie di orgoglio.

* * *

Che cosa riserva il futuro a Unobravo? La nostra realtà continuerà a crescere, sia in Italia sia all'estero, servendo direttamente i nostri pazienti, grazie ai nostri psicologi, e collaborando con le aziende, le quali, finalmente, stanno iniziando a prendersi cura della salute mentale dei loro dipendenti. Abbiamo ancora molti obiettivi da raggiungere e, nei percorsi appassionanti come il nostro, i nuovi traguardi non mancano mai. Tuttavia, ne esiste uno più difficile e complesso degli altri, ovvero eliminare una volta per tutte lo stigma associato alla salute mentale, così come recita la nostra vision: «*We will create a world where taking care of our mental health is considered normal*».

Questa sarà probabilmente la nostra ultima, immensa conquista. Cambiare la cultura di interi Paesi, anche se in positivo, rappresenta sempre la sfida più grande. Guardiamo al futuro con ottimismo, consapevoli che ogni piccolo passo ci avvicina a un mondo in cui il benessere mentale sarà una priorità indiscussa. Il cammino è lungo e ricco di sfide, ma la direzione è chiara e il potenziale per un impatto trasformativo è enorme. Vi invitiamo a unirvi a noi in questo viaggio, perché insieme possiamo ridefinire il significato di normalità nel prendersi cura della propria salute mentale.

Come stanno le cose

Per spiegare l'importanza di un libro che cerca di abbattere lo stigma che ancora circonda la salute mentale, credo sia fondamentale capire a che punto siamo, e come possiamo migliorare. Perché oggi parlare di salute vuol dire affrontare anche il problema della salute mentale e dello scarso accesso alle cure, e i dati lo dimostrano.

Secondo il Mind Health Report 2024, un'indagine condotta da Ipsos per AXA, nella quale sono state intervistate 16.000 persone di età compresa tra i diciotto e i settantacinque anni in sedici Paesi del mondo, il 32% della popolazione convive con problemi legati alla salute mentale. Tre persone su quattro provano stanchezza, difficoltà a dormire o stress a causa del lavoro. Quasi il 23% dei lavoratori dipendenti ha preso un congedo per malattia per problemi di salute mentale negli ultimi dodici mesi prima dell'intervista. In Italia, il 26% della popolazione dichiara di soffrire di problematiche psicologiche legate ad ansia, stress e depressione, quattro italiani su dieci non sono soddisfatti della propria salute mentale, due su tre nell'ultimo anno hanno affrontato una difficoltà personale che ha avuto ripercussioni sul loro benessere psicologico, mentre un adolescente su tre dichiara di aver provato almeno una volta nell'ultimo anno sintomi da ansia generalizzata. I dati sono in netto aumento rispetto all'anno precedente e stanno tornando ai livelli – comprensibilmente molto alti – del 2021, postpandemia.

Un altro dato preoccupante emerso da questo studio è che sono in crescita dell'8% le diagnosi self-made, che quindi non si possono considerare vere diagnosi, e che il 44% degli italiani ha scelto di non affidarsi a un professionista ma di gestire in autonomia i propri disturbi, con tutti i rischi che questo comporta. Il 78% degli italiani preferisce parlare di salute mentale solo in famiglia, e il 22% non vuole parlarne con nessuno.

Lo stigma, come dicevo, c'è, è forte e impedisce alle persone di stare bene. Pensereste mai di non curarvi una gamba rotta perché ve ne vergognate? Non credo. Eppure in tantissimi non curano né il loro io più profondo né le manifestazioni anche più evidenti e più superficiali del proprio disagio, perché sono condizionati dalla società in cui sono immersi, che non li capisce e non li sprona a cercare aiuto, anzi li spinge a fare tutto da soli, cercando risposte su Google o affidandosi ai social per trovare qualche spiegazione in più. E questo nonostante i numerosi professionisti pronti a offrire un'assistenza di qualità e sicura dal punto di vista clinico.

E arriviamo all'altro lato di questa medaglia, ovvero il rapporto tra professionisti e pazienti. Gli psicologi in Italia ci sono: già nel 2020 si contavano 117.762 iscritti all'ordine, circa uno ogni 500 abitanti; di questi, solo 68.037 lavorano come liberi professionisti e sono il fanalino di coda, insieme ai giornalisti e agli agrotecnici, per il reddito medio tra le categorie professionali (VIII Rapporto sulle libere professioni in Italia - anno 2023, curato dall'Osservatorio delle libere professioni di Confprofessioni). Secondo l'ENPAP, la cassa previdenziale di categoria, nel 2022 il reddito medio dichiarato tra i suoi oltre 80.000 iscritti era di 18.420 euro all'anno. I dati ISTAT 2017 segnalano poi come solo il 65% dei laureati in Psicologia eserciti la professione.

Insomma, i bisogni ci sono, e c'è chi è pronto ad accoglierli, ascoltarli, curarli. Ciò che scarseggia è la connessione tra professionisti e potenziali pazienti, e una società che incoraggi, invece di disincentivare, il prendersi cura della propria salute mentale. Mancano poi i fondi perché i pazienti possano permettersi di andare dallo psicologo, e quelli che consentano agli psicologi di mantenersi.

Nei pazienti registrati sulla nostra piattaforma abbiamo riscontrato un ampio divario tra Nord, Centro, Sud e isole. Quasi il 50% di chi ci chiede aiuto viene dalle regioni del Nord Italia. La distribuzione dei pazienti sottolinea come il tessuto socio-economico e il contesto culturale di appartenenza possano incidere fortemente sulla scelta di seguire un percorso di supporto psicologico. A fronte di un servizio più accessibile, il netto stacco tra Nord e Centro (oltre a quello con il Sud e le isole) può essere rappresentativo della disuguaglianza reddituale e, quindi, della spesa allocata per il benessere personale.

Uno Stato che vuole prendersi cura della salute dei suoi cittadini attraverso una sanità pubblica e di qualità non può offrire prestazioni inadeguate a livello sia quantitativo sia qualitativo in un ambito così importante della cura della persona, che ha ricadute documentate ed evidenti anche sulla salute fisica dell'individuo. Eppure, la spesa sanitaria italiana per il sostegno alla salute mentale è tra le più basse d'Europa, solo il 3,4% contro il 10% della media europea, e ciò rispecchia il fatto che la salute mentale venga considerata un problema minore. La malattia della psiche, tra un taglio e l'altro della spesa pubblica, sembra vista come qualcosa di cui occuparsi solo dopo aver pensato a tutto il resto, quando l'obiettivo dovrebbe essere considerare il benessere psicologico un'urgenza, destinandovi risorse adeguate. Secondo il progetto MORe (Mental health Optimization of Resources), al nostro Sistema Sanitario Nazionale servirebbero almeno 1,9 miliardi l'anno in più e il 47% in più di operatori per rispondere alle reali esigenze dei cittadini in tema di salute mentale; in assenza di questi fondi e risorse, la cura della salute mentale viene lasciata quasi unicamente ai privati e di conseguenza, purtroppo, solo a chi riesce a permettersi la spesa.

È una fotografia che può sconfortare, ma non è questo il mio intento. Vi ho elencato questi dati per farvi capire quanto sia importante oggi affrontare un discorso sulla salute mentale in Italia, e quanto sia necessario intervenire per abbattere lo stigma e le credenze culturali sull'argomento a tutti i livelli.

«Non ci pensare.» «I problemi seri sono altri.» «E allora i pazzi veri cosa dovrebbero fare?» «Puoi farcela da solo, non serve drammatizzare.» «Costa una follia.» «Che cosa vai a fare dallo psicologo, che stai bene!» «Lascia lo psicologo a chi ne ha davvero bisogno.» «Addirittura le medicine? Non hai paura di diventare dipendente?» «Adesso hanno tutti un

pazienti di sesso femminile sono il 67%. Comunque, questo dato è in linea con ciò che si legge in numerosi studi, dove però la donna in realtà non è quella messa peggio, è solo più aperta ad affrontarlo e, quindi, dichiararlo.

Ma la cosa che più mi fa ben sperare è la distribuzione per fasce d'età. La significativa presenza (58,3%) di pazienti tra i venticinque e i trentaquattro riflette un'evoluzione culturale rilevante: una probabile maturità nelle dinamiche socio-culturali e una maggior apertura verso il supporto psicologico, oltre a una crescente consapevolezza dell'importanza della salute mentale all'interno di questa classe demografica.

Ci attende un mondo migliore? Almeno per quanto riguarda gli argomenti trattati in questo volume sono convinta di sì, perché in molti ci siamo uniti per cambiare le cose, e stanno cambiando davvero. Mi è bastato vedere la risposta delle persone a cui ho chiesto di collaborare a questo libro, o di chiunque io abbia consultato e coinvolto nella sua realizzazione, anche solo per un consiglio, uno spunto, una chiacchierata: ho riscontrato un entusiasmo e una partecipazione personale incredibili, ma anche riluttanza e preoccupazione da tanti altri. C'è ancora molta strada da compiere, ma ognuno sta facendo la sua parte, e insieme realizzeremo grandi cose.

Il mio attacco di stigma

Questo libro, come vi ho già detto, non è nato per raccontare di me, ma come strumento di cambiamento: è una sorta di manifesto a sostegno di chiunque si sia mai sentito solo e inibito nel parlare di salute mentale.

Eppure sono qui a confessarvi una piccola incoerenza: vorrei condividere con voi un frammento della mia storia. Perché non posso invitare gli altri a raccontarsi e incoraggiare voi lettori a esporvi, chiedendo alla società accoglienza e comprensione, se io stessa, per prima, questo coraggio non lo trovo.

Eccomi quindi qui a condividere uno dei miei momenti di fragilità, di paura nel mostrarmi, il mio «attacco di stigma», in cui il giudizio e le imposizioni della società mi hanno spaventata e frenata nel chiedere aiuto. Quella di non cercare un sostegno psicologico è stata una decisione che mi ha profondamente segnata, perché ha fatto sì che soffrissi molto più del necessario; sono convinta che se fossi stata più aperta e meno influenzata dalle credenze culturali errate, quella sofferenza avrebbe potuto essere superata prima e meglio.

* * *

Da ragazza avevo quell'aria solare tipica di chi si illumina in mezzo agli amici; chiacchierona quando mi sentivo a mio agio, più timida e riservata in situazioni meno familiari. Un ritratto che potrebbe calzare all'80% degli adolescenti.

Mi piaceva andare a scuola, non perché amassi studiare, ma perché la mia classe era per me una seconda famiglia, un porto sicuro. La scuola che frequentavo era nel pieno centro di Napoli, una zona ricca di stimoli, di bellezze da esplorare e di cose di cui godere. Con le mie compagne di classe passavamo ore a parlare di delusioni amorose, più immaginarie che reali, un pretesto per condividere risate, racconti e malumori passeggeri. A quell'età si prendono sul serio tante cose, ci si spalleggia a vicenda e ci si asseconda molto; allo stesso tempo si vive la vita con una leggerezza di cui, anni dopo, si sentirà la mancanza.

Non ero però una studentessa diligente, e l'altro lato della medaglia «scuola» era un senso costante di inadeguatezza per i voti mediocri, che arrivavano all'insufficienza quando si trattava di materie come il latino. La mia attenzione si perdeva facilmente tra disegni che tracciavo sui margini dei fogli e sogni a occhi aperti, che spesso finivano in storie scarabocchiate a penna sui quaderni d'appunti, dove avrebbe dovuto esserci la spiegazione del professore. Le pagine dei libri di testo non riuscivano a competere con l'irresistibile richiamo delle uscite con gli amici; il suono delle risate condivise e la spontaneità dei pomeriggi passati fuori casa erano per me una calamita, decisamente più coinvolgenti rispetto al silenzio dello studio.

Eppure, quella vitalità esplosiva tipica di quegli anni mi sembrava una colpa: sentivo di essere una delusione per i miei genitori, un'incorreggibile trottola iperattiva che non portava soddisfazioni a casa. Vivevo come in una spirale: ogni voto basso mi faceva sentire male, mortificata, mi ripromettevo che non sarebbe successo di nuovo, ma bastava poco per perdere la concentrazione e farmi rimettere al primo posto gli amici, le uscite, i ragazzi e i miei progetti extrascolastici. Così arrivava un altro cattivo voto, mi rimortificavo, giuravo a me stessa e ai miei genitori di impegnarmi di più, e puntualmente disattendevo le promesse.

Mi dispiaceva davvero, però era più forte di me. Forse, oltre a riflettere sulle mie mancanze, potremmo ragionare su come genitori e professori abbiano provato a «catturarmi» e a motivarmi a studiare o su come non lo abbiano fatto, ma io posso parlare per me stessa, e questo capitolo si concentra su di me, sui miei vari strati di consapevolezza personale.

Il compimento dei diciott'anni durante il quarto anno di liceo segnò per me, come per milioni di adolescenti, un traguardo molto atteso: finalmente potevo guidare e muovermi in autonomia. Nel mio caso questa libertà aveva l'aspetto concreto della vecchia e ammaccata Hyundai Getz grigio metallizzato di mamma, che mi permetteva di recarmi in città, a Napoli, senza essere ostaggio dei treni e del loro perenne ritardo, o di passaggi gentilmente concessi.

Ma, forse per l'eccesso di libertà, forse per una sfortunata coincidenza, quella novità è stata accompagnata da una battuta d'arresto inaspettata e dolorosa: la bocciatura. Un colpo che, sembrerà strano, non avevo visto arrivare, e che mi ha presa in pieno volto, mandandomi al tappeto. Quell'anno, a scuola terminata, prima di correre a leggere i risultati degli scrutini appesi sulla porta della scuola, mi aspettavo una pagella migliore di quella degli anni precedenti e qualche debito in meno. Invece avevo fatto male i conti, o qualcuno aveva deciso diversamente per il mio futuro sulla base di motivazioni a me tuttora sconosciute.

Mi sono sentita ancor più una delusione agli occhi dei miei genitori; in un colpo solo ho creduto di aver perso totalmente la stima della mia famiglia, la possibilità di vivere la città come avrei voluto, le mie amicizie e il rifugio sicuro della mia classe, che avrebbe proseguito senza di me.

Tutto questo nel giro di poco tempo ha creato un vortice nero, che mi ha avvolta facendomi perdere la serenità e la spensieratezza di quel periodo. L'ultimo anno dell'adolescenza aveva assunto una tinta scura, soffocante. Se guardavo avanti non riuscivo a immaginarmi un bel futuro, né vivevo un bel presente. Mi vergognavo, mi sentivo un fallimento, e pian piano sono diventata un fantasma anche agli occhi di me stessa. Soprattutto agli occhi di me stessa.

Di quell'anno ho pochi ricordi, e questo già di per sé è un sintomo del malessere e delle enormi ondate di emozioni che avvertivo: diverse difficoltà psicologiche, infatti, come l'ansia, la depressione, il disturbo da stress post-traumatico e altri, possono contribuire a una mancata sedimentazione dei ricordi.

SEDIMENTAZIONE DEI RICORDI

Spesso si pensa ai ricordi come a libri che conserviamo nei cassetti della mente, pronti per essere sfogliati quando necessario. In realtà, la nostra memoria non va a recuperare, ma è ricostruttiva: ogni volta che richiamiamo un ricordo, lo ricostruiamo, rischiando anche di distorcerlo. Le emozioni influenzano notevolmente tale processo. Per esempio, un'emozione forte e improvvisa, come quella che si prova durante un incidente, può impedire la sedimentazione del ricordo. Questo fenomeno è dovuto anche al cortisolo, l'ormone dello stress, che interferisce con l'ippocampo, la regione del cervello responsabile della formazione e del recupero della memoria (Ackermann et al., *2013; Sauro, Jorgensen, Pedlow, 2003).*

Se mi sforzo, riesco a ricostruire pochi frammenti: il volto deluso di mia mamma, un suo pianto, il silenzio grave di mio padre, una nuova scuola grigia e fredda, giorni tutti uguali e poco entusiasmanti, la distanza dalle mie vecchie amiche, sia fisica sia emotiva. E un piccolo flash positivo: nonna Lucia, mio esempio personale di amore incondizionato, che mi diceva di volermi bene come sempre e che quelle cose potevano capitare.

Ricordo la sensazione di solitudine e di pesantezza, che mi tirava sempre più giù, tenendomi ancorata al letto, rendendomi faticoso ogni gesto. Ancora non sapevo che quelle sensazioni, in determinate circostanze, hanno un nome: depressione.

Si parla molto di depressione, abusiamo di questo termine finendo per intenderlo come sinonimo di tristezza, ma ciò è piuttosto riduttivo. La depressione è una condizione molto più complessa e debilitante, che si manifesta con molteplici sfaccettature e che impatta profondamente sulla vita quotidiana. Essa può assumere varie forme; a volte non ti fa più riconoscere in te stesso e ti può costringere a fissare lo sguardo sulle cose negative del passato, gettando un'ombra sul futuro, nel quale spesso si perde fiducia. La depressione ti toglie le forze e le energie, lasciandoti poca voglia di fare: l'apatia la fa da padrona. Anche le cose che prima ti rendevano felice non hanno più alcun effetto su di te, ti scivolano addosso, diventano indifferenti e incapaci di scuotere l'animo ormai assuefatto a un dolore a volte sottile, ma costante.

DISTURBO DEPRESSIVO MAGGIORE

In psicopatologia, il disturbo depressivo maggiore (noto anche come depressione maggiore o depressione clinica) è una diagnosi che può essere effettuata, secondo il DSM-5-TR® - Manuale diagnostico e statistico dei disturbi mentali *(APA, 2023), quando sussiste la presenza, per almeno due settimane, di sintomi quali: perdita di interesse o piacere per attività precedentemente gratificanti, sensazione di tristezza o vuoto per la maggior parte del giorno, quasi tutti i giorni, e significativa riduzione dell'energia. Altri sintomi possono comprendere variazioni nell'appetito o nel peso, insonnia o ipersonnia, agitazione o rallentamento psicomotorio, affaticamento, sentimenti di inutilità o colpa eccessiva, difficoltà di concentrazione e pensieri ricorrenti di morte o suicidio (Florida Program for Behavioral Health Improvements and Solutions, 2021; Children's Hospital of Philadelphia, 2020).*

Immaginate la mente come un cielo, dove i pensieri negativi e le emozioni di tristezza sono le nuvole. In una mente senza depressione, queste nuvole scorrono, cambiando forma e spostandosi liberamente. Nella depressione, invece, diventano dense e scure, bloccando ogni raggio di sole. Le attività che una volta portavano gioia diventano prive di significato, come se tutti i colori fossero spariti dalla vita quotidiana. Ogni sforzo sembra inutile, e persino le azioni più semplici richiedono una grande fatica.

La depressione è vissuta come una condizione distonica, ovvero viene percepita come estranea rispetto alla personalità e alla storia personale dell'individuo. Questo contrasto tra il sé attuale e il sé percepito prima dell'insorgenza della depressione può aggravare il senso di disperazione e l'autocolpevolizzazione, complicando ulteriormente il quadro clinico (APA, 2023).

In quel periodo fece capolino per la prima volta nella mia vita un altro pensiero angosciante: la morte. Fino a quel momento la morte non significava nulla per me. Mi era stato insegnato a credere in un Dio, e, sebbene non mi fosse chiaro come Dio ci avrebbe accompagnati dopo quel passaggio così difficile da capire, ci credevo. Ero sicura che ci fosse «qualcosa», dopo. Non sapevo che cosa, ma c'era, lo sentivo, e mi dava serenità ed equilibrio. A un tratto ho smesso di avere quella certezza, ho perso quell'equilibrio, e ciò che sarebbe accaduto dopo era solo un mistero spaventoso. Sono passata da una fiducia calda e piena a un nulla freddo e vuoto.

Ho iniziato a pensare alla morte, a farmi domande che non avevano e non potevano avere una risposta, ad aver paura di morire e soprattutto di perdere i miei cari. Poco dopo l'inizio di quel periodo è morta mia nonna Angela, ed è stato il primo vero lutto che ho dovuto elaborare nella mia esistenza. Viveva a metà strada tra le due frazioni del paese dove sono cresciuta, Casalnuovo di Napoli, comune né troppo piccolo né troppo grande a venti minuti dalla città. Così, ogni volta che dovevo andare da qualche parte dall'altro lato del paese, se non avevo fretta passavo a salutarla. A lei faceva molto piacere, ma, per qualche ragione a me sconosciuta, mi salutava sempre con una frase che io e i miei abbiamo ricordato con il sorriso negli anni successivi: «Che sei venuta a fare?»

Il lutto è una cosa strana: un giorno quella persona è lì, a portata di mano, e il giorno dopo non c'è più. Così, quell'assenza improvvisa si tramuta in sensazioni peculiari, come quando ti capita di pensare: Adesso faccio una telefonata a nonna, per dirti subito dopo: Ah, no… e poi: Che strano… me n'ero dimenticata. Com'è possibile?

Alla morte di una persona che è stata parte del nostro quotidiano ci si abitua pian piano, non è un interruttore che si può spegnere in un secondo: si passa dal dare mentalmente per scontata la presenza dell'altro alla lenta rieducazione tramite l'abitudine all'assenza.

In un giorno grigio di febbraio sono stata testimone dell'addio di nonna: un passaggio per lei sereno e per noi molto triste. Io, mia madre e mio padre eravamo a casa sua perché «non si sentiva molto bene». Io e mia madre avevamo intuito subito che cosa stava per succedere, anche se i giorni precedenti non c'era stata alcuna avvisaglia, mentre papà e zia Lisa discutevano di cosa fare l'indomani per lei. A quelle parole, io e mamma ci siamo guardate, incredule per quel pensiero di un futuro impossibile. «Domani…?»

Un lutto così pesante, come quello per un genitore, una figura da sempre presente nelle vite dei figli nel bene e nel male, è difficile da metabolizzare, e si arriva fino alla negazione. La reazione più dolorosa fu quella di mia zia Lisa, che con la morte di sua mamma – con la quale viveva, non avendo una famiglia propria e non essendo mai andata a vivere da sola – vedeva svanire il suo porto sicuro, senza la possibilità di rifugiarsi in affetti nuovi. Nonna se n'è andata a novant'anni e zia Lisa l'ha seguita qualche mese dopo, tra le braccia del suo tumore, ripresentatosi dopo anni di silenzio forse proprio per via del terreno fertile creato da quel lutto. Vederla dimagrire di giorno in giorno, senza capelli, con la pelle bruciata e sempre maggiori difficoltà a mangiare, a bere e a compiere anche le azioni più semplici della vita quotidiana, non è stata una passeggiata, anche perché stavo già male per conto mio. Già pensavo alla morte, già quei pensieri si insinuavano dentro di me e crescevano senza sosta. Come si suol dire, a volte piove sul bagnato.

FOBIA DELLA MORTE

La fobia della morte, o tanatofobia, è un'intensa paura della morte o del morire che può interferire significativamente con la vita quotidiana di una persona. Secondo il DSM-5-TR®, *questa condizione può essere diagnosticata quando la paura è persistente, eccessiva e sproporzionata rispetto al rischio reale di morte. I sintomi includono ansia marcata quando si pensa alla morte, evitamento di situazioni che potrebbero essere associate alla morte e disagio fisico, come palpitazioni e sudorazione (APA, 2023).*

Immaginate la mente come un giardino. Normalmente, i pensieri sulla morte sono come foglie che ogni tanto cadono: fanno parte del ciclo naturale della vita. Tuttavia, nella fobia della morte, questi pensieri diventano un'invasione di erbacce, che soffocano le piante e rendono impossibile godersi il giardino. In questa situazione ogni attività quotidiana è permeata da un costante timore della morte imminente, che impedisce alla persona di vivere appieno il presente.

Anche uno schermo contribuì a far insinuare sempre di più nella mia testa i pensieri di morte: lo schermo della televisione. Una sera io e papà decidemmo di guardare un film sulla fine del mondo; forse per via del periodo, forse perché mi ritrovavo nel carattere e nei problemi del protagonista, che le provava tutte solo per accorgersi che non funzionava nulla, iniziai a realizzare seriamente che le storie non sempre hanno un lieto fine. Siamo tutti interconnessi in un ciclo vitale che, per forza di cose, termina con la morte, com'era successo a mia nonna e a mia zia, come sarebbe successo ai miei genitori e, non ultima, a me.

Possono sembrare considerazioni banali, autoevidenti per tutti da sempre, no? Eppure, l'infanzia e l'adolescenza sono periodi in cui la propria fine e la possibilità di non essere invincibili non vengono ancora comprese davvero. Lo si sa razionalmente, ma fino a una certa età il nostro io più profondo può non considerare l'eventualità della morte. Altrimenti come sarebbe possibile combinare certe scemenze, che solo da teenager si fanno? Il cambiamento che porta il considerare la morte come una possibilità reale è un passaggio psicologico e umano fondamentale, che può essere anche doloroso e causare uno stravolgimento dei propri equilibri. È altresì un cambiamento necessario e inevitabile nel percorso per diventare adulti.

Ho iniziato a soffrire di attacchi di panico la sera, prima di addormentarmi. Quando poi mi addormentavo, spesso era un sonno disturbato, pieno di incubi orribili legati alla morte dei miei cari, come nonno Giacomo, ormai anziano e con non pochi acciacchi. Oppure sognavo che immani catastrofi naturali mettevano a rischio l'intera umanità, e io, nonostante mi affannassi, non potevo salvare me stessa e i miei cari. Scappavo, correvo, cercavo di rianimare nonno, nonna, mamma, papà, mio fratello, ma ogni volta era tutto inutile. L'ansia mi mordeva la gola, mi svegliavo con le palpitazioni, ringraziando per l'ennesima volta che fosse solo un incubo, ma sempre più stanca: dover vivere quell'esperienza così spesso era insopportabile.

ATTACCHI DI PANICO

Gli attacchi di panico sono improvvisi episodi di intensa paura o disagio che raggiungono il picco in pochi minuti. Durante un attacco di panico, una persona può sperimentare almeno quattro dei seguenti sintomi: palpitazioni, sudorazione, tremori, sensazione di soffocamento, dolore al petto, nausea, vertigini, sensazioni di irrealtà, paura di perdere il controllo o di morire, formicolio o brividi (APA, 2023).

Un attacco di panico è come un fulmine a ciel sereno, che squarcia la tranquillità con un'intensità travolgente. Il cuore batte all'impazzata, il respiro si fa corto, e il corpo sembra non rispondere più ai comandi. In pochi istanti si viene catapultati in un vortice di paura incontrollabile, come se si fosse in caduta libera, senza paracadute.

Ero sempre una delusione, ero sempre incapace di risolvere la situazione, di fare il mio dovere. Ero terrorizzata non solo dalla morte ma anche – come ho capito più avanti – dal dolore, dalla sofferenza, fisica ed emotiva. Soffrivo nel veder soffrire mio nonno, ormai anziano, e spostavo il focus sulla paura della sua morte: più spaventosa, certo, ma anche la fine definitiva della sofferenza… Soffrivo nel percepirmi una delusione per gli altri, e replicavo quel fallimento all'infinito nei miei sogni, dando concretezza alle emozioni che, da sveglia, non sapevo elaborare e gestire.

La mia storia potrebbe sembrarvi un racconto come tanti,

ovvio nella sua drammaticità e banale nei suoi sviluppi. Non ci vuole certo uno psicologo per capire che avessi bisogno d'aiuto!... Ma siamo sicuri?

Stavo vivendo una concatenazione di eventi dolorosa, sfortunata, eppure non eccezionale: la visione di un film catastrofico come tanti altri; la perdita di una nonna che, pur dolorosa, è un passaggio comune nella vita di tutti; la lotta contro il cancro di una cara zia, altra esperienza triste ma purtroppo non così rara; la lontananza dalle vecchie amicizie, una situazione non proprio felice, tuttavia anch'essa frequente e potenzialmente tollerabile; e infine una bocciatura scolastica, amara ma di certo non irrimediabile. La società, le persone intorno a me minimizzavano, a volte mi rimproveravano: era chiaro che, ai loro occhi, era tutto parte della vita, niente di così drammatico in fondo.

La normalizzazione è un concetto di cui oggi si parla molto, ma che comporta dei rischi. Normalizzare la salute mentale è positivo, invita a prendercene cura. Normalizzare la sofferenza, invece, è estremamente pericoloso. Dire cose come «è normale ciò che stai vivendo», «questo capita a tutti», «è normale che vada così», «è normale sentirsi cosà» sottintende un altro pensiero molto rischioso, e cioè: Quindi che soffri a fare?

Gli eventi che vi ho raccontato mi hanno insegnato, fin troppo presto, a credere in questa forma malsana di normalizzazione e ad assecondarla. Soffrire era, se non sbagliato, normale, una cosa che avrei dovuto saper gestire e superare da sola, senza lamentarmi troppo. Le cose della vita andavano come dovevano. Se volevo cavarmela, dovevo quindi adeguarmi e appiattire il dolore, prendere una bella scopa e nascondere la polvere sotto il tappeto. Quel dolore, insomma, lo occultavo innanzitutto a me stessa: non lo comprendevo, non volevo affrontarlo. Mi giudicavo e percepivo il giudizio degli altri ancor prima che arrivasse davvero o quando proprio non sarebbe mai arrivato. Sminuivo il dolore, ripetendomi che le cose che mi facevano soffrire erano «normali» e «cose della vita». Ciò che però non dovrebbe essere considerato una «cosa della vita» e «normale» è come quegli eventi mi avevano condizionata, come mi avevano fatto sentire e vivere quel periodo. Non è l'evento in sé, ma la nostra reazione a un certo evento che ne determina la problematicità o meno.

I miei genitori non si sono accorti del baratro in cui stavo scivolando, lentamente ma in modo preoccupante. Ero molto brava a dissimulare. Mi ero decisa, così come fanno in troppi, a «farcela da sola», a fingere, a non permettermi di stare male. Credevo di non aver bisogno d'aiuto, quando invece ne avevo eccome. La mia vita sociale si assottigliava sempre di più, saltavo la scuola, la depressione mi teneva chiusa in casa, ancorata alla mia piccola bolla sicura, mi toglieva le energie e mi faceva sembrare pigra e disinteressata. Non lo ero, stavo solo male. Di notte anche quella bolla sicura mi tradiva, e il letto da rifugio diventava una prigione, luogo di incubi e panico.

Ci sarebbe davvero voluto uno psicologo, uno bravo.

Come sono riuscita a superare quel periodo? Non lo so. Quando me lo domando, a volte rifletto sul concetto di «frequenze»: ogni volta che ci si trova in una spirale discendente la frequenza mentale è bassa, e risalire diventa un'impresa faticosa, spesso irrealizzabile con la sola volontà.

È come se ci trovassimo in mezzo a un mare molto agitato: la stanchezza ci blocca e a piccole bracciate sembra impossibile ritornare verso la riva, ogni sforzo appare inutile e non ci fa avanzare, anzi, le correnti e le onde ci allontanano ancora di più dal nostro obiettivo. Al contrario, quando riusciamo a fare bracciate più ampie, più incisive, magari dopo il giusto riposo, le giuste riflessioni, o grazie a un prezioso aiuto, vediamo che finalmente avanziamo, che siamo in grado di non lasciarci trascinare dalla corrente. Questo ci dà la forza per continuare, e nel farlo prendiamo ritmo e fatichiamo di meno. Iniziamo a risalire dal baratro. È fondamentale coltivare e mantenere quella elevazione, quelle «alte frequenze», per cercare di non ricadere giù.

Il cambiamento e la risalita per me si sono concretizzati con l'inizio dell'università, un periodo che mi ha obbligata ad alzarmi dal letto e a concentrarmi su lezioni completamente nuove, riguardanti un campo che finalmente mi appassionava e che forse ho scelto con più cognizione di causa di quanto allora credessi: la psicologia.

All'università ho spesso sentito dire che chi sceglie di studiare psicologia è mosso da due motivazioni principali: o è profondamente affascinato dalla mente umana, o è in cerca di strumenti per affrontare i propri problemi o quelli di una persona cara. Nel mio caso, entrambe le ragioni erano valide. Ero intrigata dalla complessità delle menti umane, e allo stesso tempo desideravo «diventare più forte» e aiutare i miei cari a «diventare più forti». Oggi vedo come dietro questa ricerca di potenza, di indipendenza, di farcela da sola, ci fosse una ragazza spaventata, imprigionata, che cercava di capirsi e gestirsi meglio. Erano pensieri ingenui, ma nascondevano anche una grande forza: non quella di uscire da sola da un momento di fragilità psichica, ma quella di capire di aver bisogno di aiuto e di cercarlo, anche se in modo indiretto, nella psicologia e nei suoi esperti.

Ricapitolando: non ho chiesto aiuto, mi sono aperta con pochissime persone, non rivelando quasi mai ciò che stavo vivendo realmente, e ho sempre minimizzato i miei problemi. Perché?

Per diversi motivi. Innanzitutto perché avevo interiorizzato un giudizio esterno che vedeva la salute mentale come una questione privata e insignificante, una pecca del singolo, legata alla sua forza di volontà, e non a una condizione oggettiva, complessa e problematica. Questa percezione era rafforzata dallo stigma sociale che marginalizza chi cerca aiuto, etichettandolo come debole o incapace di gestire le proprie emozioni, «una femminuccia», con poca spina dorsale. Inoltre, mi sentivo senza speranza; non sapevo che cosa fosse davvero la psicoterapia, cosa uno psicologo avrebbe potuto fare per me. Quando le sensazioni di impotenza e solitudine sono predominanti, le senti forti, prendono spazio, si annidano dentro di te, rendendo difficile persino immaginare di poterle scardinare, ridimensionare, elaborare in modo diverso.

Signore e signori, anch'io ho avuto il mio «attacco di stigma». Sebbene avessi già scelto di diventare psicologa, io stessa non capivo che cosa fossero davvero la psiche e il benessere della mente. Soprattutto, non mi era ancora chiaro cosa volesse dire accoglienza, comprensione e ascolto del disagio psichico, proprio e altrui, e lavorarci su. Ogni giorno mi confrontavo con i pregiudizi che circondano chi cerca un aiuto psicologico, e li percepivo come un riflesso delle paure e delle incertezze che ancora risiedevano nel mio animo. Mi serviva uno psicologo, ma prima ancora dovevo accettare la mia fragilità senza sentirmi per questo in colpa, diversa, debole, sbagliata.

Avrei avuto bisogno di qualcuno che mi prendesse per mano e mi mostrasse come tutti necessitiamo di supporto, e come il fatto di prendersi cura della propria salute mentale non sia una debolezza, bensì una grande dimostrazione di coraggio e di crescita.

Nonostante la società spesso etichetti la richiesta di aiuto come una falla nel carattere, ora so che farsi aiutare rende più forti, non più deboli, che un percorso di sostegno psicologico o di psicoterapia porta consapevolezza, determinazione, chiarezza ed energie nuove. Non solo illumina gli angoli più bui della nostra psiche, ma ci insegna anche a riconoscere e a valorizzare le nostre vulnerabilità come punti di forza, trasformando ogni ostacolo in un passo avanti verso la nostra crescita personale.

Avrei avuto bisogno di aprirmi con i miei genitori, con i miei amici più cari, parlare di come vivevo quel periodo, del mio dolore: magari loro mi avrebbero accompagnata lungo una strada più sana, fatta di supporto ed evoluzione. Forse mi avrebbero fatto notare che non avevo bisogno di soffrire in quel modo, che quella sofferenza si poteva superare prima e meglio, che pur riuscendo a costruirmi una corazza fatta di apparenza non stavo risolvendo davvero il problema; che meritavo di più della mera sopravvivenza, meritavo benessere e serenità.

* * *

Il mio rapporto con la morte oggi? Non è più problematico: ho trovato un binario mentale che mi consente di pensarci, parlarne, affrontarla senza che ciò abbia ripercussioni sulla mia serenità. Ne ho affrontate altre nella vita, anche molto dolorose, in modo adattivo e sano.

Come ho fatto? Quella paura, tempo dopo, l'ho scomposta insieme a un professionista: l'ho capita, l'ho abbracciata e ho compreso che cosa voleva portarmi a fare. Ho trasformato il terrore in un dialogo aperto, scoprendo che quell'angoscia non era un nemico da evitare, ma un messaggero che portava importanti lezioni sulla vita e sul mio approccio a essa. Da allora, ogni giorno scelgo di vivere rispettando me stessa, i miei sentimenti e la mia ricerca di felicità e serenità. La morte non è più un'ombra temuta, ma una compagna silenziosa che mi ricorda di apprezzare ogni momento con i miei cari, i miei amici e tutto ciò che mi circonda. Quando arriverà a prendermi sarà fiera di me, perché avrò vissuto la mia vita come si deve, valorizzando ogni sorriso, ogni abbraccio, ogni tramonto condiviso.

Mentre scrivo questo capitolo, sto pensando proprio alla me di allora e a chi, come lei, si trova in un momento di fragilità e ha bisogno di una mano tesa per accettarsi. A chi si sente perso, a chi lotta silenziosamente. A tutti loro offro le lezioni che ho imparato: che non si è soli, che è possibile emergere più forti dalle sfide che ci tocca affrontare, e che ognuno di noi può contribuire a creare un ambiente di comprensione e sostegno.

* * *

Questo libro è il mio tentativo di tendere la mano, di dare voce a quelle paure che spesso restano inespresse e di iniziare a costruire, passo dopo passo, quel mondo più giusto e compassionevole che tutti desideriamo. Un mondo in cui la salute mentale non sia più un tabù.

È un invito a prendersi cura di sé e degli altri con gentilezza e coraggio, a non arrendersi mai alla disperazione, ma a cercare insieme una strada verso il proprio e l'altrui benessere.

La famiglia tradizionale di Luca e Alba

Chi è Luca

Luca Trapanese è nato a Napoli il 14 gennaio 1977. Cresciuto in una famiglia amorevole e di mentalità aperta, Luca ha sempre sentito un forte desiderio di aiutare gli altri e di fare la differenza nella società. Dopo aver completato gli studi ha iniziato a lavorare nel settore dell'assistenza, diventando un attivista per i diritti delle persone con disabilità, fino a ricoprire il ruolo di assessore al Welfare del Comune di Napoli, dove ha continuato a promuovere politiche inclusive e programmi di supporto per le persone vulnerabili.

Luca Trapanese è anche il fondatore di comunità e organizzazioni che si rivolgono alle persone con disabilità. Tra queste Il Borgo Sociale, una struttura multifunzionale che ospita cinque comunità residenziali, una fattoria didattica, un albergo, un ristorante, una biblioteca e un asilo nido. Questo ambiente offre ai ragazzi disabili non solo un luogo sicuro dove vivere, ma anche l'opportunità di acquisire nuove competenze, sviluppare relazioni significative, partecipare ad attività educative e ricreative, e interagire con la comunità locale.

Nel 2018 Luca ha adottato Alba, una bambina con la sindrome di Down, diventando uno dei primi uomini gay single in Italia a riuscire in una missione a oggi ancora considerata straordinaria. Questa decisione ha sfidato i pregiudizi e le norme sociali, mostrando che l'amore e la determinazione riescono a superare qualsiasi barriera, persino quelle burocratiche.

Oltre al suo lavoro nel settore pubblico, Luca è anche un romanziere di talento. Ha scritto diversi libri nei quali affronta tematiche sociali e personali, offrendo uno sguardo profondo e autentico sulle sfide e le gioie della quotidianità.

La vita e il lavoro di Luca Trapanese sono una testimonianza potente di come l'impegno, il coraggio, la fiducia e l'amore possano trasformare il mondo. La sua visione di una società più inclusiva e comprensiva è d'ispirazione, e dimostra che ogni piccolo gesto di gentilezza e ogni atto d'amore hanno ripercussioni profonde e durature.

Quando ho deciso di intervistare Luca, l'ho fatto perché ero certa che con lui sarebbe nata una conversazione interessante e piena di spunti. Fin dai primi momenti dell'intervista si è rivelato speciale, genuino e anche un po' pazzo. Sì, avete letto bene, ho scritto proprio «pazzo», ma questo non lo dico io; da professionista della salute mentale e da combattente dello stigma non mi permetterei mai, anche solo per evitare equivoci. L'ha detto lui stesso, durante uno dei suoi primi racconti: «Io sono un pazzo».

Si definisce così perché è una persona con una grande voglia di creare, e quando si pone degli obiettivi non vede davanti a sé limiti, ma possibilità. «In tutte le cose che ho fatto fino a oggi, ho sempre incontrato qualcuno che mi diceva: "È difficile", "Non ce la puoi fare", "Sei pazzo", e quindi sono pazzo.» E a volte i pazzi fanno cose straordinarie.

«Solo un genio di Napoli poteva creare quest'azienda e chiamarla Unobravo!» È così che mi accoglie Luca all'inizio dell'intervista, in quanto non condividiamo unicamente la determinazione e l'amore per il creare cose, ma anche le origini partenopee.

Luca è una persona dalle molteplici sfaccettature, e nel suo lungo e variegato curriculum troviamo cose più uniche che rare: non molti dedicano la propria vita a supportare ragazzi con bisogni speciali, ancor meno sono gli uomini single che riescono a adottare un bambino in Italia. Tali peculiarità non sono certo un caso: Luca ha combattuto duramente per ognuna di queste sfide, e io non posso fare a meno di ammirare la sua capacità di incarnare così tanti ruoli con una tale grazia e determinazione. La storia di Luca è una testimonianza potente di come l'amore, l'impegno, la grinta e una visione chiara possano abbattere le barriere più insormontabili.

Eppure è difficile non rimanere colpiti dalla sua umiltà. «Io sono solo Luca» mi risponde, disarmandomi.

Secondo Luca, ognuno di noi è il risultato delle relazioni con le persone che ha incontrato lungo il proprio percorso di crescita, che hanno contribuito a renderlo quello che è, nel bene e nel male. Risultano chiari, a una professionista della salute mentale, la sua empatia spiccata ma anche il lavoro che ha fatto su sé stesso per raggiungere questa maturità di pensiero. Luca vede la sua personalità come un mosaico, composto da tessere di esperienze, relazioni e influenze che, insieme, formano un'immagine complessa e unica. È una visione che sfida la tendenza egocentrica della società a categorizzare e a limitare le persone a singoli ruoli o aspetti della loro identità.

La sua riflessione mi fa pensare ancora una volta a quanto siamo tutti interconnessi, a come ogni incontro e ogni relazione possano lasciare un'impronta indelebile sulla nostra psiche, sul nostro modo di comportarci e, in ultima analisi, sulla nostra vita. Luca ci invita a considerare la nostra esistenza non come una somma di titoli e ruoli, ma come una sinfonia di esperienze e connessioni. Via le etichette, più attenzione alle persone e all'impatto che hanno sulla nostra vita (e che noi abbiamo sulla loro). Riconoscere che siamo il prodotto delle nostre esperienze e delle persone che incontriamo implica una certa umiltà e la capacità di accogliere il nuovo e il diverso.

Con la sua vita e le sue parole, Luca Trapanese ci mostra che abbracciare la complessità dell'identità umana è fondamentale per costruire una società più inclusiva e comprensiva. La sua visione ci ispira a guardare oltre le apparenze e a vedere il valore intrinseco di ogni individuo, rendendoci conto che ognuno di noi ha una storia unica da raccontare e un contributo prezioso da offrire al mondo.

«Ho avuto la fortuna di incontrare le persone giuste» mi ha raccontato. Parla dei suoi genitori, che lo hanno sempre valorizzato, accolto e accettato, del suo padre spirituale, che lo ha fatto sentire parte di una comunità cristiana, e di tutti gli insegnanti che hanno marcato la sua vita in modo costruttivo.

«Non ci rendiamo conto di quanto la felicità degli altri dipenda da noi. Se una persona riesce a essere sé stessa, a scoprire i propri talenti, le proprie affinità e predisposizioni – da quelle sessuali a quelle religiose, a quelle lavorative – è perché ha incontrato le persone giuste, che l'hanno accolta e accettata. Altrimenti, quella persona rischia di diventare sola, isolata e incapace di realizzarsi proprio perché non ha avuto la fortuna di trovare chi si è preso cura di lei. Anche noi dobbiamo prenderci cura degli altri.»

Luca riflette su come queste figure chiave nella sua vita abbiano contribuito a formare non solo il suo carattere, ma anche la sua visione del mondo. Il sostegno incondizionato dei suoi genitori gli ha dato la fiducia per esplorare e abbracciare la sua identità, mentre il suo padre spirituale gli ha insegnato il valore della comunità e della fede come punti di forza nelle difficoltà. Gli insegnanti, con la loro guida e il loro incoraggiamento, gli hanno mostrato il potere della conoscenza e dell'educazione quali strumenti di emancipazione.

Da psicologa, riconosco nel suo pensiero pagine e pagine di libri di psicologia che parlano delle relazioni e di come esse ci influenzino anche nella nostra individualità, in modo consapevole o, ancor più spesso, inconsapevole. Un modello teorico della psicologia, dal nome sistemico-relazionale, basa i trattamenti psicoterapici proprio su questo: sull'analisi delle nostre relazioni presenti e passate, su come esse ci abbiano influenzato o continuino a influenzarci e sul loro impatto sul nostro benessere mentale.

MODELLO SISTEMICO-RELAZIONALE

Il modello sistemico-relazionale è un approccio teorico e pratico alla psicoterapia che si concentra sulle interazioni e le dinamiche tra individui all'interno di sistemi sociali, come la famiglia. Invece di focalizzarsi esclusivamente sul singolo individuo, questo modello esamina in che modo le relazioni e i contesti sociali influiscono sui comportamenti, sulle emozioni e sui pensieri delle persone. L'approccio sistemico-relazionale considera la famiglia e i gruppi sociali come un sistema complesso in cui ogni membro influenza gli altri e ne viene influenzato. Le problematiche individuali vengono quindi viste come manifestazioni di dinamiche relazionali disfunzionali all'interno del sistema.

Gli interventi terapeutici secondo il modello sistemico-relazionale mirano a modificare queste dinamiche, per promuovere cambiamenti positivi e migliorare il funzionamento del sistema nel suo complesso. Questo modello è utilizzato ampiamente nella terapia individuale, famigliare, di coppia e di comunità, e si basa sull'idea che comprendere e modificare le interazioni tra i membri del sistema possa portare a miglioramenti significativi sul benessere mentale sia individuale sia collettivo.

La consapevolezza dell'importanza delle relazioni ha spinto Luca a mettere la sua vita al servizio degli altri. Vuole «dare indietro» parte di quella fortuna che sente di aver avuto crescendo, perciò cerca di avere un impatto positivo sugli altri, perché crede fermamente nel potere costruttivo o distruttivo delle relazioni umane. Questo porta a un'altra fondamentale convinzione: che la vera felicità non sia solo un obiettivo personale, ma un risultato collettivo. Convinzione che lo ha spinto a dedicare il suo tempo, le sue risorse e la sua energia a costruire una società più inclusiva e comprensiva.

«Posso portare come esempio l'esperienza del Borgo Sociale. Vedendo i ragazzi disabili che vivono in case di residenza sociale, noto che sono realizzati e felici. Hanno una loro vita, con la possibilità di esprimersi, di lavorare, di avere relazioni. Sono lontani dalla famiglia di origine, che spesso li ha trattati solo come disabili, per paura o incapacità.»

* * *

In un mondo spesso segnato dall'individualismo, la visione di Luca è una potente rivoluzione, perché ci invita a guardare oltre noi stessi, a riconoscere l'importanza delle persone che incontriamo e a impegnarci per sostenere e valorizzare gli altri.

Mentre ascolto Luca penso a come i fatti, per lui, valgano più delle sue, seppur magnifiche, parole: attraverso il suo lavoro e il suo impegno sociale, grazie alle comunità che ha fondato e gestito con tanta dedizione e sacrificio, ha impattato in modo profondo sulla vita di molte persone, e ha dimostrato concretamente che prendersi cura degli altri può abbattere barriere e costruire comunità.

«Raffaele è un ragazzo di ventisette anni. Quando è arrivato in una delle mie comunità ne aveva venti. Fui chiamato a mezzanotte dalla polizia perché Raffaele era stato trovato in una Residenza sanitaria assistenziale (RSA), dove non avrebbe dovuto essere: pensa che a vent'anni viveva insieme ad anziani di ottant'anni, di cui molti allettati. Era l'unico luogo in cui lo avevano potuto collocare dopo la morte dei suoi genitori. Per fortuna i NAS erano andati a controllare questa struttura e avevano trovato quasi il doppio delle persone previste, tra cui anche Raffaele. Hanno capito che non era il luogo adatto per lui.

«Solo per puro caso, o per un colpo di fortuna, hanno trovato il mio numero di telefono, e io ho accolto Raffaele in una delle mie comunità. Ora lavora nel bar, si occupa della fattoria e sta iniziando un progetto di indipendenza con la sua fidanzata Roberta, che ha incontrato nel Borgo Sociale.»

* * *

Questa è stata un'esperienza importantissima. Raffaele ora ha delle relazioni, una vita, un lavoro, una compagna. Che cosa ne sarebbe stato di lui se fosse rimasto nella RSA, luogo non adatto alla vita di un ragazzo di vent'anni?

«Ve lo dico io: se non fosse stato accolto al Borgo, oggi sarebbe spento in una RSA insieme a tanti anziani. Purtroppo quella di Raffaele è una storia che si ripete ogni giorno per tanti, troppi ragazzi. Non sapendo dove collocare i disabili adulti senza genitori, li si rinchiude nelle RSA. Non vi è un'alternativa, se non rare organizzazioni create e gestite da persone come me. Ancor peggio, oltre a non esserci un'alternativa, è un tema neanche lontanamente conosciuto. Questi ragazzi sono invisibili come dei fantasmi. Ciò dimostra un profondo abbandono da parte delle istituzioni.»

Ma Luca non si è limitato a dare il suo contributo su larga scala, impattando sulla vita di molte persone tramite il suo lavoro. Lui ha fatto di più. Sapete quando si dice che a volte riusciamo a cambiare il mondo intero, e altre cambiamo tutto il mondo per una sola persona? Ecco, Luca ha fatto entrambe le cose, e la persona a cui ha cambiato il mondo intero è Alba, bimba nata con la sindrome di Down nel 2017, anno in cui Luca ha combattuto per riuscire a adottarla, cosa difficilissima in Italia, dove l'adozione da parte di genitori single è ancora un evento raro e spesso ostacolato dalle norme sociali e dai pregiudizi, figuriamoci se il single in questione è anche gay. Le cose si complicano ulteriormente.

SINDROME DI DOWN

La sindrome di Down, nota anche come trisomia 21, è una delle anomalie genetiche più comuni, con un'incidenza di circa 1 su 1.200 neonati nati vivi in Italia (Istituto superiore di sanità - ISS, 2021). È causata dalla presenza di una copia in più del cromosoma 21 e provoca un ritardo dello sviluppo fisico e mentale in chi ne è affetto.

Le persone con sindrome di Down presentano una serie di caratteristiche fisiche distintive, come un volto piatto, occhi a mandorla e un tono muscolare ridotto. Inoltre, possono manifestare vari gradi di disabilità intellettiva, con capacità cognitive che variano notevolmente da individuo a individuo. È importante notare che, nonostante queste sfide, molte persone con sindrome di Down conducono vite piene e soddisfacenti, con la possibilità di partecipare a numerose attività educative, lavorative e sociali.

Per esempio, il percorso educativo ha un impatto significativo sulla qualità della vita delle persone. Un bambino con questa condizione potrebbe richiedere un piano educativo individualizzato (PEI) che supporti il suo apprendimento. Un PEI ben strutturato e attentamente implementato, includendo terapie occupazionali, logopediche e fisiche, è fondamentale per sviluppare adeguate competenze necessarie per la vita quotidiana e l'integrazione scolastica (Turnbull et al.*, 2003). Se queste risorse educative e terapeutiche vengono fornite in modo adeguato e personalizzato, possono migliorare significativamente la qualità della vita, promuovendo autonomia, fiducia in sé stessi e capacità di socializzazione. Al contrario, un supporto educativo inadeguato o mal gestito può ostacolare il progresso del bambino, limitando le sue opportunità di sviluppo e inclusione.*

Alba è stata lasciata in ospedale dalla madre dopo un parto in anonimato. Il tribunale dei minori ha quindi contattato diverse potenziali famiglie adottive, ma tutte hanno rifiutato di accogliere la bambina. A quel punto ha deciso di chiedere a Luca, che già lavorava con persone affette dalla stessa sindrome, se fosse interessato a prendere Alba in affido.

Appena vista la bambina, Luca ha immediatamente accettato, sentendo un legame profondo e istantaneo con lei. Da quel momento la loro vita è cambiata radicalmente. Luca si è dedicato con amore e determinazione alla sua cura, superando difficoltà, pregiudizi e barriere sociali, e la loro storia è diventata un simbolo di inclusività e amore incondizionato, dimostrando che le vere famiglie si costruiscono con il cuore e non seguendo rigide convenzioni sociali.

«L'arrivo di Alba mi ha colto alla sprovvista. Io non pensavo di poter avere una figlia, non perché non lo volessi – anzi, sentivo un forte desiderio di paternità – ma perché in Italia l'adozione per i single praticamente non esiste. Siamo fermi a una legge del 1983 che non dà la possibilità ai single di adottare. Quando sono andato in tribunale per fare la richiesta di affido di un bambino, la mia esigenza e idea di paternità era quella di aiutare una famiglia in difficoltà, una famiglia con problemi economici o legali, e di essere di supporto. Alba, per me, è arrivata come un dono per cui combattevo ma che non mi aspettavo. Lei mi ha fatto capire che non esiste maternità o paternità, ma genitorialità, la cura e l'amore che un adulto può dare a un bambino non come padre o madre, ma come genitore.»

* * *

Luca ha accolto Alba nella sua vita con una dedizione e un affetto che non ama definire straordinari, perché meravigliosamente ordinari, come l'amore che provano tanti genitori per i loro bambini. Ha affrontato le sfide legate all'adozione prima e alla crescita di un bambino con bisogni speciali poi, imparando a prendersi cura di sua figlia in ogni aspetto, dal cambio dei pannolini all'allattamento. Un aneddoto che Luca mi racconta con emozione, sottolineandone l'importanza nella loro vita, è stata la prima volta che Alba ha camminato.

«Per me è stata un'esperienza molto forte perché Alba, a tre anni, non camminava ancora. A un certo punto si è alzata nel giardino di casa, ha preso la palla e mi è venuta incontro. Ovviamente ho pianto: vederla camminare ha significato per me il superamento di un impedimento importante. La società non è preparata ai limiti, non è preparata alla lentezza di una persona, ai tempi più lunghi per camminare, parlare, capire e sviluppare capacità. Dobbiamo essere tutti veloci e performanti. Vedere Alba superare un primo ostacolo mi ha reso felice.»

Quanto è vero ciò che dice Luca! La società non è preparata ai limiti, dobbiamo sempre essere tutti veloci, fare ogni cosa nei tempi canonici e mostrarci ben performanti. Questo è in netto contrasto con le esigenze e la natura di moltissime persone. Cresciamo tutti con un ideale in testa: a che età dobbiamo terminare la scuola, trovare lavoro, fidanzarci, sposarci e fare un certo numero di figli. Non c'è tempo per esperienze diverse, non c'è spazio per chi i figli non li vuole o ha scelto di formarsi in modo diverso. Un piccolo scostamento dalla norma, magari solo in un ambito, è accettabile, ma se tale scostamento è maggiore sei strano o strana. «Sei scandaloso con questa esigenza che hai» disse un conoscente a Luca riferendosi al suo desiderio di adozione. Perché? Perché è un uomo? Perché è gay? Perché all'epoca era single? Caro Luca, eri semplicemente fuori dai comuni binari. O pazzo, come piace dire a te.

La storia di Luca e Alba è un inno alla capacità di amare oltre ogni convenzione, e dimostra che una famiglia non è definita dalla conformità alle norme cosiddette tradizionali, ma dalla profondità dell'affetto e del sostegno reciproco. Ogni giorno passato con Alba è per Luca una testimonianza di quanto l'amore possa superare qualsiasi barriera e di come la diversità possa arricchire la vita in modi inaspettati e meravigliosi.

Dietro questa consapevolezza e le parole positive, però, non è tutto rose e fiori, perché pensare al futuro in modo ottimista e collettivo non vuol dire ignorare le difficoltà e le cose brutte. Chiedo a Luca di raccontarmi un momento complicato. Mi parla di un evento spiacevole, rappresentativo di una mentalità non solo ancora troppo chiusa, ma spesso inconsapevolmente ignorante e lesiva.

«Uno degli episodi più difficili risale a qualche anno fa. Tu mi conosci, quindi sai che io sono un educatore, fondo onlus da

vent'anni; pensa che quando mi hanno chiamato per prendere Alba ero in vacanza con venti ragazzi con la sindrome di Down. Insomma, ci so fare: sulla carta, nel curriculum, ero espertissimo. Però, quando diventi genitore, non sei più martello ma incudine, in tutto. Non puoi applicare la tua laurea in Scienze dell'educazione o la tua consapevolezza sulla disabilità, sei genitore e basta. L'ho capito bene in un'occasione in cui, razionalmente, avrei dovuto sapere come reagire.

«Una mattina eravamo in spiaggia, Alba giocava con altri bambini, quando uno di loro si è presentato da me dicendomi: "Mamma mi ha detto che lei è malata ed è anche brutta". Non sono riuscito a rispondere a quel bambino. Mi hanno colpito profondamente le sue parole, non tanto perché venivano da un bambino, i bambini dicono quello che sentono dagli adulti, e spesso siamo noi a inculcare dei limiti ai nostri figli. I nostri figli sono molto più liberi.

«Sono due le cose sbagliate che la mamma ha detto al bambino. Innanzitutto parlare di bellezza. Dire che Alba sia brutta è assurdo. Alba è bionda, ha gli occhi azzurri, non assomiglia a me, quindi è bellissima. Ma soprattutto, la bellezza cos'è? Anche questo è un argomento molto soggettivo. Ognuno è bello per chi lo ama. La seconda cosa è dire che sia "malata". Alba non è malata: c'è una forte ignoranza nelle persone rispetto a chi è malato e a chi è disabile. Chi si trova in una condizione di disabilità può vivere anche cent'anni.

«Mi sono sentito perdente in quella vicenda. Non ho detto una parola, ero disarmato. Poi, il pomeriggio, come se il destino volesse farmi vedere le cose in modo diverso, mi ha scritto una mamma di un compagno di scuola di Alba. Mi ha mandato una foto bellissima dell'ingresso della scuola, con Alba che tene-

va la mano ad Arturo, commentando: "Arturo riesce a entrare in classe solo con Alba, che lo rassicura e gli dà tanto affetto". Arturo non è disabile, è un bambino cosiddetto normodotato, e la mamma mi ringraziava. Questo mi ha risollevato un po'. Significa che una possibilità c'è.»

Quanto possono ledere, le etichette, il benessere mentale delle persone? Parole come «brutta», «malata», «stupida», «scema», «grassa», «lenta», «idiota» (potremmo continuare a elencarne all'infinito) diventano vere e proprie lame per la nostra autostima. Questi insulti possono radicarsi nel profondo della nostra psiche, diventando un fardello pesante da portare e difficile da scrollarsi di dosso, quando non addirittura una profezia che si autoavvera. Sono parole che agiscono come barriere invisibili, limitando le nostre aspirazioni e influenzando negativamente il modo in cui vediamo noi stessi e le nostre capacità. La ripetizione di tali termini può portare a una convinzione interna, un'accettazione involontaria di un'immagine distorta di chi siamo davvero. Ciò può generare ansia, depressione e un senso di isolamento che erode in maniera lenta ma inesorabile la nostra salute mentale. Parliamo di impotenza appresa.

IMPOTENZA APPRESA

L'impotenza appresa è un fenomeno psicologico per cui un individuo sviluppa una percezione di inabilità a controllare gli eventi della propria vita e a reagire a essi, finendo per assumere uno stato di passività e rassegnazione. Questo concetto è stato introdotto da Martin Seligman nel 1967: attraverso esperimenti condotti su animali, dimostrò come l'esposizione ripetuta a situazioni avverse incontrollabili potesse portare a una diminuzione della motivazione e delle capacità di risposta.

Un esempio di impotenza appresa è quello dello studente che, nonostante i suoi tentativi, continua a ricevere voti bassi nelle materie scolastiche. Dopo ripetuti insuccessi, il ragazzo potrebbe iniziare a credere che nessuno sforzo aggiuntivo potrà mai migliorare i suoi voti e che quindi «è inutile impegnarsi». Di conseguenza smette di studiare, sviluppando una sensazione di inutilità e rassegnazione nei confronti delle sue capacità accademiche. Questo comportamento può estendersi ad altre aree della sua vita, riducendo ulteriormente la sua motivazione e il suo benessere psicologico.

Un altro esempio può essere quello di una bimba che alle elementari viene ripetutamente presa in giro per i suoi occhiali o il suo apparecchio ai denti. Quella bambina potrebbe arrivare a chiudersi sempre più, perché «meglio l'isolamento che la critica». Da adolescente, potrebbe avere una convinzione così radicata di essere «brutta» da continuare a nascondersi, invece di cercare di assecondare il suo desiderio di avere un partner o degli amici, perché «tanto non piacerò mai».

Ampliamo lo sguardo e domandiamoci: come mai le persone criticano così duramente, così frequentemente? Anche chi si dice attento a questi temi spesso si lascia scappare commenti inopportuni; è come se non riuscissimo a trattenerci. Un fenomeno come il body shaming, per esempio, spesso non viene identificato come un vero problema su cui porre massima attenzione. Ciò succede perché spesso la critica è una manifestazione delle proprie insicurezze e paure proiettate sugli altri, oppure maschera l'esigenza di sentirsi migliori degli altri, per compensare qualche altra insoddisfazione, qualche mancanza di noi stessi che non accettiamo. Criticare gli altri può dare temporaneamente un senso di superiorità o controllo, ma a lungo termine danneggia sia chi critica sia chi viene criticato. Viviamo in una società dove la competizione e il confronto sono all'ordine del giorno, alimentati dai media e dai social network, che amplificano l'idealizzazione di standard irraggiungibili. Questo crea un ambiente in cui il giudizio diventa un meccanismo di difesa per distogliere l'attenzione dalle proprie insicurezze. Tuttavia, è fondamentale riconoscere che ogni parola ha un peso e un impatto reali sulla vita delle persone.

Non possiamo davvero farne a meno? La risposta risiede nella nostra capacità di empatia e nella scelta consapevole di cambiare il nostro modo di comunicare, riflettendo sulle conseguenze delle nostre parole. L'empatia ci permette di vedere le persone per quello che sono, esseri umani con i propri conflitti interiori e le proprie vulnerabilità, esattamente come noi. Cambiare il nostro linguaggio e il nostro atteggiamento può contribuire a creare un ambiente più positivo e sano, dove ogni individuo ha la possibilità di crescere e prosperare senza il peso delle etichette negative. Le parole hanno un potere immenso: possono distruggere o costruire. Sta a noi scegliere come utilizzarle, consapevoli che la nostra comunicazione non solo riflette chi siamo, ma contribuisce anche a modellare il mondo in cui viviamo.

«La sfida più grande è stata affermare che la mia è una famiglia tradizionale» mi ha detto Luca, disarmandomi una seconda volta nel giro di qualche minuto di conversazione. Ma come «tradizionale»? Si parla tanto della contrapposizione tra «famiglia tradizionale», composta da una mamma e da un papà, regolarmente sposati, e da almeno un figlio o una figlia, e «famiglia non tradizionale», fatta di due papà, due mamme, oppure due genitori etero ma divorziati, due persone etero ma senza figli eccetera eccetera. Luca però chiarisce.

«Quante sono queste famiglie "tradizionali"? Ogni famiglia è una famiglia a sé: ci sono bambini cresciuti dai nonni, mamme single, papà vedovi, coppie divorziate, coppie che figli non possono averne o che non li vogliono, o che vogliono adottarli. Persino quella composta da un papà single e gay e da una figlia adottiva diversamente abile che era stata rifiutata da tanti altri, è una famiglia tradizionale. Forse, semplicemente, non esiste il concetto di famiglia tradizionale come viene inteso nei grandi dibattiti attuali.»

Affermare questo è stato sempre difficile per Luca.

* * *

«Soprattutto da un punto di vista politico, non sociale, perché la società ha già una visione della realtà. Già esistono innumerevoli tipi di famiglie, e tutte le famiglie sono tradizionali se al centro c'è l'amore.

«Si tratta di una sfida affermare che la mia è una famiglia con gli stessi problemi, gli stessi valori, le stesse preoccupazioni, gli stessi diritti, le stesse gioie, gli stessi fallimenti di qualunque altra. La società lo riconosce – perché io e Alba siamo riconosciuti dalla società e nella scuola – ma le istituzioni no. Per le istituzioni siamo una realtà di serie B, o anche C. Questo è il problema più grande: sentirsi parte di un Paese che però ancora non riconosce la possibilità che esista più di un modello. Forse quel modello tradizionale non è mai esistito; sono sempre esistiti tanti modelli, tra cui anche il mio e quello di Alba.

«Quando tutti cercano di raccontare la nostra storia come qualcosa di straordinario, io mi incazzo. Dico no, noi non abbiamo niente di straordinario, siamo come tutti gli altri. Altrimenti diventa una storia da mettere sul piedistallo e che non si può replicare. Non siamo io e Alba a essere speciali: la mia famiglia è speciale perché è mia, e la tua famiglia è speciale perché è tua, come quella di chiunque altro. Ma non abbiamo nulla in più o in meno rispetto a tutti gli altri.»

Ma come combattere una cattiva inclusività, il senso comune negativo, le credenze errate, i pregiudizi e lo stigma? Questa è la domanda fondamentale, il cuore di questo libro. La risposta che mi sono data, anche grazie agli spunti offerti da questa conversazione, è che, prima di tutto, lo stigma si combatte con la cultura. Una cultura che fornisce le informazioni giuste, che affronta tematiche scomode e che educa grandi e piccini sul significato e sull'impatto di certi fenomeni, salute mentale e disabilità incluse. È essenziale promuovere una cultura della consapevolezza, dove la conoscenza e l'empatia vadano di pari passo.

«Lo stigma sociale non è qualcosa che ho vissuto, ma che vivo costantemente. Vedo che c'è un'enorme ignoranza, e uso questo termine in maniera positiva, da parte della società. La gente, a volte, mi presenta come "il padre di Alba, che soffre della sindrome di Down", quindi già l'uso del verbo "soffrire" è significativo. Le persone non riescono a capire che c'è una differenza tra disabilità e malattia, e che esistono diversità all'interno della disabilità stessa: sindrome di Down, autismo, ritardi. Un disabile è diverso da mio padre, che ha un tumore ed è sulla sedia a rotelle, o da chi ha avuto un incidente stradale ed è rimasto senza una gamba. Tendiamo a mettere tutto in un grande calderone, e le risposte sociali che diamo sono poche e spesso sociosanitarie, mai culturali.

«Non abbiamo una scuola preparata, né un mondo del lavoro preparato. Non parliamo mai di sessualità o di indipendenza. Dovremmo avere un progetto di vita che accompagni una persona con disabilità dalla nascita fino alla morte. Alba ha sette anni e presto inizierà la prima elementare, ed è lì che dovrò affrontare il peggio.

«Finora abbiamo "giocato", per così dire, e ho vissuto una scuola impreparata ma che riuscivo a sostenere. Il problema sarà quando Alba dovrà stare al banco, fare i compiti, affrontare le performance scolastiche e iniziare a "correre" con i suoi compagni

di classe nelle interrogazioni, e tutto ciò che ne consegue. Questo mi preoccupa molto.»

Luca ha la possibilità di esprimere i suoi pensieri e le sue preoccupazioni a «microfoni accesi», grazie alla visibilità che nel tempo ha ottenuto. Le sue parole risuonano non solo come una testimonianza personale, ma anche come l'eco delle voci di tantissimi genitori e caregiver, che spesso si trovano soli a cercare metodi creativi, o a volte disperati, per sostenere i propri figli. Queste persone affrontano quotidianamente sfide immense, cercando di navigare in un sistema che raramente offre il supporto necessario.

Attraverso la sua visibilità, Luca non si limita a sensibilizzare l'opinione pubblica, ma costruisce anche una rete di sostegno e solidarietà. Così facendo dimostra che è necessario creare un ambiente inclusivo, comprensivo e amorevole, e che non è un'utopia, bensì una possibilità concreta.

«Proteggere Alba dai pregiudizi significa dirle la verità. Alba sa di avere la sindrome di Down, sa di essere adottata e sa che il suo papà si innamora di un altro papà. Secondo me, dire la verità ai nostri figli, con le loro capacità e le loro difficoltà, li rende sempre più forti e li difende dalle cattiverie.»

Il nemico più grande, insomma, è l'ignoranza: alimenta paure infondate, rafforza stereotipi dannosi e perpetua cicli di discriminazione. Combatterla significa creare spazi di dialogo aperti, dove le esperienze di chi vive con una disabilità o una malattia mentale vengono ascoltate e valorizzate. Significa anche investire nell'educazione, nelle scuole e nelle comunità, per formare cittadini più informati e sensibili.

La cultura può essere un potente strumento di trasformazione sociale. Attraverso libri, film, arte e media possiamo raccontare storie che sfidano lo status quo, che mostrano la bellezza della diversità e che evidenziano la forza e la resilienza delle persone. Inoltre, la cultura della consapevolezza deve essere supportata da politiche pubbliche che promuovano l'inclusione e garantiscano che tutti abbiano accesso alle stesse opportunità, indipendentemente dalle loro condizioni.

In definitiva, combattere lo stigma e i pregiudizi richiede un impegno collettivo, solo così si potrà costruire una società più informata, empatica e giusta. Ogni piccolo passo verso la conoscenza e la comprensione può portare a un grande cambiamento, abbattendo le barriere dell'ignoranza e costruendo ponti di solidarietà e rispetto.

Io e Luca, insomma, oltre alla determinazione e alle origini partenopee, condividiamo anche il desiderio di sensibilizzare la società e di combattere stigma e pregiudizi.

«Io credo che abbiamo bisogno di un cambiamento culturale, partendo innanzitutto dal concetto di normalità. Che cos'è la normalità? Chi si arroga il diritto di stabilire cosa sia la normalità e cosa non lo sia? Anche il concetto di disabilità va rivisto. Siamo tutti imperfetti. Ognuno di noi ha un difetto, qualcosa che non va, e forse ognuno di noi ha bisogno, in un momento particolare o per tutto il corso della propria vita, di essere preso

in cura, di trovare un punto di riferimento con cui condividere un fallimento, un disagio, una frustrazione.

«Bisogna fare in modo di liberare tutti dal concetto di perfezione. Non dovremmo vergognarci di non stare bene, perché il non stare bene fa parte dell'essere umano. Ognuno di noi si trova in una condizione di fragilità, chi più e chi meno, chi in alcuni momenti della propria vita e chi costantemente.»

Trovo affascinante l'analisi su come siamo arrivati a questo punto, ovvero alla richiesta costante e irrealistica di performance per essere accolti come dei «vincenti» dalla società. È interessante esplorare che cosa ci ha portato a valorizzare il machismo a scapito della vulnerabilità. Quali dinamiche sociali, economiche e storiche hanno alimentato l'idea che il successo sia sinonimo di forza impenetrabile e infallibilità?

La nostra cultura sembra aver sviluppato una narrazione in cui la fragilità è vista come una debolezza, un difetto da nascondere piuttosto che una qualità umana da abbracciare. Questo fenomeno può essere ricondotto a vari fattori, tra cui l'influenza pervasiva dei media, che spesso celebrano figure idealizzate di successo, raffigurando eroi e leader invincibili che sembrano immuni da qualsiasi tipo di insicurezza. L'educazione stessa tende a premiare solo il raggiungimento di obiettivi tangibili e misurabili, come voti alti e risultati sportivi, piuttosto che incoraggiare una corretta gestione delle emozioni, la resilienza e l'intelligenza emotiva.

Inoltre, la competizione crescente nel mondo del lavoro ha portato a un'enfasi sempre maggiore su efficienza e produttività, creando un ambiente in cui mostrarsi vulnerabili può essere percepito come un rischio professionale. Il contesto lavorativo esige prestazioni costanti e l'apparenza di infallibilità, lasciando poco spazio per l'autenticità e l'espressione di emozioni genuine. Anche le reti sociali, che inizialmente promettevano di avvicinare le persone, spesso finiscono per amplificare la pressione, esibendo versioni idealizzate delle vite altrui, creando standard impossibili da raggiungere. Questo fenomeno ha radici profonde anche nella storia culturale e sociale, dove la vulnerabilità è stata spesso associata a mancanza di controllo e di potere.

Le aspettative di genere hanno ulteriormente rafforzato questa narrazione, con gli uomini educati a nascondere le proprie emozioni e le donne a mascherare le proprie insicurezze, per essere considerate forti e competenti. Tutto ciò ha portato a una società in cui molte persone sentono il bisogno di indossare una maschera di perfezione. Tuttavia, tale facciata è spesso fragile e insostenibile, portando a problemi di salute mentale e a un senso diffuso di isolamento. Per superare questa finzione dannosa, è fondamentale promuovere una cultura che valorizzi l'autenticità, l'accettazione dell'altro, l'empatia, l'inclusione e la condivisione delle proprie esperienze e vulnerabilità come parti integranti dell'essere umano.

Riflettere su queste dinamiche ci invita a ripensare ai valori che vogliamo promuovere nella nostra cultura, nel nostro spazio, con la nostra famiglia e i nostri amici. Forse è giunto il momento di abbandonare l'idea di dover essere sempre performanti e impeccabili, mostrandoci piuttosto autentici ed empatici. Solo attraverso questa trasformazione culturale possiamo costruire una società che accolga e celebri la fragilità come una forza, non come una debolezza.

Un barlume di speranza c'è: io e Luca concordiamo sul fatto che le nuove generazioni siano molto più aperte riguardo ai temi della salute mentale, dell'inclusione e della sostenibilità sociale.

«Le nuove generazioni sono molto più avanti. Lo vedo con mia nipote Elena, la figlia di mio fratello, che un giorno candidamente a tavola mi disse: "Ne ho parlato anche con la mia psicologa a scuola, e lei mi ha dato dei consigli". Io non avrei mai potuto dire una cosa del genere alla sua età.

«Quindi Elena non ha visto il fatto di parlare con una psicologa come un problema, né ha considerato l'andare dalla psicologa come un segno di incapacità mentale. Ha invece visto tutto come una grande opportunità, una fonte di guadagno per sé stessa. Perché le ha indicato una strada, fornito dei consigli, le ha dato la possibilità di sentirsi autonoma e di affrontare quella questione con una persona qualificata ed esperta, fuori dal suo contesto famigliare, spesso ovattato e incapace di vedere il malessere e di analizzarlo.

«Credo che dobbiamo parlarne di più, dobbiamo fare più formazione nelle aziende, nelle scuole, non solo per i ragazzi ma anche per i docenti, che a volte sono parte del problema. Nel mondo del lavoro è importante promuovere di più la cultura del disagio, non come un limite, ma come un punto di partenza per migliorare la qualità della nostra vita.

«I giovani sono più preparati degli adulti. Io vedo che noi cinquantenni siamo pieni di complessi. Abbiamo vissuto un'epoca in cui bisognava nascondere le fragilità, la diversità, dall'omosessualità a tanti altri temi, e non abbiamo gli strumenti per affrontarle.»

* * *

Le nuove generazioni stanno dimostrando un cambiamento significativo nel modo in cui percepiscono e affrontano temi come la salute mentale, la diversità e l'inclusione. Cresciuti in un'epoca di rapido accesso alle informazioni e maggiore consapevolezza sociale, mostrano una sensibilità e un'apertura mai viste prima verso queste tematiche. La salute mentale, da sempre trattata come un tabù, viene ora discussa apertamente dai giovani, che riconoscono l'importanza del benessere psicologico.

Inoltre, la diversità è celebrata come una fonte di forza e arricchimento. Le nuove generazioni vedono il valore delle differenze e si battono per l'inclusione in tutti gli aspetti della vita, dalla scuola al lavoro, fino alle politiche pubbliche.

La tecnologia ha giocato un ruolo cruciale in questa evoluzione, facilitando la connessione e l'organizzazione di comunità che si sostengono a vicenda, diffondono cultura e promuovono il cambiamento. Attraverso i social media, i ragazzi hanno trovato piattaforme per condividere esperienze, fare sensibilizzazione su tematiche importanti e mobilitare movimenti globali. Hashtag virali come #MentalHealthMatters e #InclusionRevolution hanno permesso di diffondere consapevolezza e di aprire un dialogo su salute mentale, diversità e inclusione.

Vediamo sempre più giovani sfidare le norme sociali tradizionali e creare spazi dove ogni individuo può sentirsi accettato e valorizzato per chi è realmente. La loro attenzione crescente nei confronti della salute mentale riflette una trasformazione culturale profonda, normalizzando la discussione su questo tema e riducendo lo stigma associato ai disturbi mentali. Inoltre, la disponibilità di app per la meditazione, terapie online e risorse digitali di supporto ha reso più accessibile il trattamento e la gestione della salute mentale, promuovendo pratiche di autoriflessione e sostegno reciproco. Un cambiamento di paradigma che offre speranza per un futuro più inclusivo.

Purtroppo, però, vi è anche l'altro lato della medaglia: questo progresso potrebbe farci pensare che vi siano migliori livelli di salute mentale tra i più giovani, ma non è così. Le nuove generazioni stanno affrontando un aumento significativo delle difficoltà psicologiche. La pressione derivante dalle aspettative sociali, il confronto costante sui social media e l'incertezza economica sono solo alcuni dei fattori che contribuiscono a un aumento dell'ansia, della depressione e di altri disturbi mentali tra i giovani (Twenge, Campbell, 2019). La cultura della performance e del perfezionismo, amplificata dai social network, può farli sentire costantemente inadeguati, spingendoli a perseguire standard irrealistici e a cercare di controllare ossessivamente la loro vita. Inoltre, la pandemia di Covid-19 ha esacerbato questi problemi, isolando molti ragazzi dalle loro reti di supporto e interrompendo le loro routine quotidiane (Panchal *et al.*, 2023), ancor più fondamentali in età adolescenziale e scolare.

Questa situazione è aggravata dalla carenza sistemica di risorse adeguate per la salute mentale, a livello sia di accessibilità sia di qualità del supporto, che già abbiamo analizzato. Gli psicologi nel nostro Paese sono tanti, ma quelli impiegati presso il Sistema sanitario nazionale sono pochissimi. Molti giovani trovano difficile accedere a servizi validi e in modo tempestivo, il che può portare a un peggioramento dei sintomi e a una diminuzione della qualità della vita (Lipson, Lattie, Eisenberg, 2019). Sebbene ci sia una maggiore accettazione del bisogno di sostegno, lo stigma persiste, soprattutto in alcune aree, impedendo a molti di cercare l'aiuto di cui necessitano. Inoltre, il bombardamento costante di informazioni negative attraverso i media e i social network può contribuire a una visione del mondo più cupa e pessimistica, aumentando il senso di impotenza e frustrazione.

Questo scenario complesso evidenzia la necessità di un approccio olistico, che promuova la consapevolezza e l'inclusione ma offra anche un supporto pratico e accessibile per la salute mentale dei giovani. È fondamentale che le istituzioni educative, le famiglie e le comunità collaborino per creare ambienti che non solo riconoscano le sfide uniche che stanno affrontando le nuove generazioni, ma forniscano loro le risorse necessarie per gestirle efficacemente.

Chiedo a Luca se si sia mai sentito isolato e giudicato, pensando all'adozione di Alba ma anche al suo impegno nel sociale e alle battaglie burocratiche. Mi risponde con la naturalezza di una persona che deve affrontare i problemi che possono avere tutti: niente a che vedere con la disabilità, con l'imprenditoria sociale. Mi racconta di come essere un genitore single a quasi cinquant'anni non sia una passeggiata.

* * *

«A cinquant'anni, intraprendere una storia d'amore avendo un figlio è molto faticoso, che tu sia gay o etero. In questo momento ho una relazione, sono innamorato; ma è una relazione che paga lo scotto di un'altra storia già avviata, ovvero la mia genitorialità. Quindi, se la persona con cui sto fa fatica, faccio fatica anche io. C'è un problema di rodaggio, diciamo così. È semplicemente più difficile.»

Tantissime persone vivono questa difficoltà. Quanti genitori single faticano a inserire una nuova relazione sentimentale all'interno della propria vita famigliare? Il Luca uomo, e non supereroe, affronta la stessa problematica.

«Che cosa direi a chi si sente isolato o giudicato? Di fare rete, di incontrare gli altri, di chiedere aiuto. Questo lo dico sempre: chiedere aiuto. Io ho iniziato ad andare dallo psicologo a quindici anni. Avevo avuto un'esperienza fortissima nella mia vita: era morto il mio migliore amico per un tumore. Io lo avevo aiutato a morire, gli avevo tenuto la mano mentre parlavamo e recitavamo il Padre nostro. Per me lo psicologo è sempre stato una risorsa. Non mi sono mai sentito sbagliato; mi sono sentito uno che aveva bisogno di cercare sé stesso con l'aiuto di un altro.»

È evidente dalla nostra chiacchierata come Luca abbia un ottimo rapporto con la psicologia, con il lavoro su sé stesso e con la salute mentale in generale. Uno dei suoi libri, *Non chiedermi chi sono*, è dedicato proprio alla tematica della salute mentale. Questo romanzo nasce dall'esigenza di raccontare una storia vera, vecchia di circa trent'anni ma attualissima perché, purtroppo, ben poco è cambiato.

Il libro esplora temi complessi come il disagio mentale, l'incapacità di una famiglia di prendersi cura di chi ne soffre, l'impreparazione della società a offrire un adeguato supporto e la solitudine che spesso accompagna chi vive queste difficoltà. Il protagonista è Livio, un giovane inesperto che viene improvvisamente catapultato in questa realtà. Gli viene proposto di supportare una persona in difficoltà, Vittorio. Nonostante la sua impreparazione, Livio dimostra di avere una naturale empatia e comprensione. Egli vede in Vittorio non un «handicappato» o un «pazzo», ma una persona con una sua dignità e umanità. Livio ha la straordinaria capacità di entrare nel mondo di Vittorio, di parlare con lui, di ascoltarlo e, soprattutto, di non considerare le voci che Vittorio sente come il semplice frutto del suo disagio mentale. Invece, comprende che quelle voci sono parte del mondo di Vittorio, e che per entrare in contatto con lui è necessario conoscerlo profondamente, e non limitarsi a cercare di curarlo.

«Sia l'esperienza della genitorialità sia quella con le persone disabili mi hanno insegnato che non si deve correre. Ogni persona ha i suoi tempi, e bisogna rispettarli. Ognuno raggiungerà i propri obiettivi al momento giusto. La felicità non dipende dalla perfezione della nostra performance, ma dalla consapevolezza di chi siamo, di ciò che ci rende felici e di ciò che ci fa stare bene.»

* * *

Quale consiglio daresti a Luca Trapanese?

«Gli consiglierei di rallentare, di aspettare i tempi giusti. È qualcosa che ho imparato in questi ultimi sette anni. Prima ero più veloce, ma mi spingeva la mia ansia personale. Anche se posso sembrare una persona molto forte, ho molte ansie notturne, soprattutto riguardo al futuro di Alba, quando non ci sarò più. Chi si prenderà cura di lei se muoio oggi? A chi la dovrò lasciare? Come posso garantirle un futuro certo rispetto ai suoi bisogni? Sono tutte preoccupazioni che ho. Quindi forse potrei dire a Luca di rilassarsi un po' e godersi la vita.»

Lascio Luca, una persona poliedrica e vulcanica, con una riflessione sulla lentezza e sull'importanza di godersi i momenti belli del presente, anche se le preoccupazioni ci porterebbero a vivere sempre proiettati nel futuro. E così rifletto anche su questa nostra lunga chiacchierata, che mi ha permesso di prendermi il tempo di conoscere nel profondo una persona e la sua storia andando oltre slogan ed etichette, il tempo di immergermi nei temi, senza la fretta di andare avanti, di ridurre tutto a qualcosa di facile e accattivante.

Questo è un libro di divulgazione, e spesso la velocità e l'immediatezza vengono privilegiate quando si deve portare un tema complesso all'attenzione del pubblico. Alla fine della conversazione con Luca, però, mi rendo conto di quanto sia stato importante questo momento di approfondimento, in cui abbiamo problematizzato più che semplificato, allungato più che accorciato. Io stessa mi sono ritrovata a riflettere su cose che prima davo per ovvie e scontate.

Se la complessità è essenziale per comprendere un argomento, lo è ancora di più per comprendere le persone. E qui torniamo al tema dell'empatia, del valore delle relazioni umane vissute in prima persona, interrogando i diretti interessati, e non attraverso il filtro di luoghi comuni e preconcetti. Torniamo all'importanza di una solidarietà basata non su un senso di superiorità, ma sulla comprensione dell'altro, sull'incontro, sulla profondità, sulla consapevolezza di chi siamo e di come abitiamo il mondo. Quella solidarietà di cui Luca è testimonianza attiva ogni giorno e che è alla base della rottura dello stigma, perché il modo migliore per non avere paura del diverso è conoscerlo e capirlo.

I tuffi di Tania sono una questione di testa

Chi è Tania

TANIA Cagnotto, nata a Bolzano il 15 maggio 1985, è una delle tuffatrici più celebri e decorate d'Italia, oltre a essere l'unica donna italiana ad aver vinto una medaglia d'oro mondiale nella specialità. Cresciuta in una famiglia di atleti, con entrambi i genitori, Giorgio Cagnotto e Carmen Casteiner, campioni di tuffi, Tania ha iniziato a praticare questo sport in giovane età, dimostrando presto di possedere un talento eccezionale. La sua dedizione e il suo impegno sono stati subito evidenti, di conseguenza ha iniziato a gareggiare a livello internazionale già da adolescente, raggiungendo rapidamente il successo.

Con una carriera che abbraccia oltre due decenni, Tania ha partecipato a cinque Olimpiadi, un risultato straordinario che testimonia la sua longevità agonistica e il suo livello di competenza. Ha vinto numerosi titoli europei e mondiali, oltre a due medaglie olimpiche, diventando un'icona dello sport italiano.

La vita di Tania, però, non è stata solo un susseguirsi di successi sportivi. Le sue esperienze hanno incluso anche momenti di grande pressione e difficoltà, come durante le Olimpiadi di Londra, dove le aspettative su di lei erano altissime.

Oggi Tania è sposata e madre di due bambine, Maya e Lisa, ma la passione per i tuffi non è diminuita. Così, ha scelto di mettere la sua esperienza e la sua saggezza al servizio delle nuove generazioni di tuffatori, diventando una mental coach. In questo progetto, Tania aiuta i giovani atleti a gestire la pressione e a trovare gioia nello sport. Collabora con la Federazione italiana nuoto e attraverso il suo lavoro cerca di trasmettere non solo le tecniche sportive ma anche l'importanza del benessere mentale, in quanto, dice, «i tuffi sono una questione di testa».

Ogni salto, ogni tuffo, ogni medaglia di Tania Cagnotto racconta una storia di duro lavoro, fermezza, coraggio e resilienza. Infatti, oltre la superficie scintillante delle vittorie c'è un lato nascosto: le paure, le ansie, i sacrifici, le sfide invisibili e le riflessioni profonde che ha dovuto affrontare. Dietro ogni gesto elegante, dietro ogni applauso, c'è un mondo di emozioni e pensieri che rimane celato agli occhi del pubblico. È in questo spazio intimo, e spesso solitario, che Tania ha trovato la forza per superare le avversità, per gestire le sue insicurezze e per emergere non solo come un'atleta straordinaria, ma anche come un modello di determinazione e umanità. Il suo percorso non è stato privo di ostacoli, ma è proprio attraverso le difficoltà che ha sviluppato una forza interiore capace di ispirare chiunque l'abbia seguita, dentro e fuori dall'acqua.

Ho deciso di iniziare ogni intervista con la domanda «Chi sei oggi?» per rompere il ghiaccio e anche perché trovo sempre molto interessante ascoltare come una persona si racconta. Oggi Tania è una donna, anche se a volte si percepisce ancora come una ragazzina. È una moglie e soprattutto la mamma di due bambine, ruolo che trova faticoso ma estremamente gratificante. Le figlie, di sei e tre anni, sono al centro della sua vita, e Tania cerca di godersi ogni momento, consapevole che questo periodo passerà in fretta e poi le mancherà. Si ritiene molto fortunata per la vita che ha avuto fino a ora.

«Mi sento appagata da quello che mi ha dato la vita, sia nello sport, perché mi sono veramente realizzata come atleta, sia nella mia sfera personale.»

Da atleta, Tania era molto concentrata sulle gare più importanti: la sua priorità assoluta. Accanto a lei una squadra di allenatori, psicologi e nutrizionisti che l'hanno supportata costantemente, fin dall'adolescenza. La presenza di un team di esperti le garantiva non solo una preparazione fisica eccellente, ma anche un supporto psicologico e nutrizionale fondamentale per mantenere l'equilibrio e la concentrazione necessari per eccellere in uno sport così esigente. Tale combinazione di supporto tecnico e umano, infatti, ha fatto sì che Tania potesse dedicarsi completamente alla sua passione, raggiungendo traguardi che pochi altri atleti possono vantare.

Questo ambiente le ha permesso di vivere una vita privilegiata, viaggiando per il mondo e gareggiando ai massimi livelli. Ogni competizione rappresentava un'opportunità per crescere e migliorare, sia come atleta sia come persona. Inoltre, l'esperienza accumulata nelle numerose gare internazionali le ha consentito di sviluppare una profonda conoscenza delle dinamiche competitive, e di affinare le sue capacità di adattamento in situazioni di elevata pressione.

«La mia priorità era lo sport, mi allenavo molto. Sono convinta che senza lavorare sodo non si arrivi da nessuna parte. Il lavoro paga, assolutamente, e posso dire di essermi meritata i risultati attraverso il mio impegno. Sono riuscita anche a godermi questa bellissima vita, sempre in giro in posti meravigliosi con la mia squadra. Tornavo a casa e poi ripartivo, vivevo con la valigia in mano. Quando sei giovane, queste cose sono bellissime, anche se alla lunga possono pesare.»

Tuttavia, con la fama e i successi sono arrivate anche le difficoltà: nel corso della sua carriera, Tania ha spesso dovuto fare i conti con la pressione e le aspettative della società. Prima di vincere una competizione importante, come un titolo mondiale, l'ansia da prestazione era qualcosa che sentiva in modo quasi esclusivamente privato. Era un peso invisibile, una sorta di fardello personale che la accompagnava in ogni allenamento e competizione. Una volta conquistato l'oro mondiale e ottenuto il titolo di campionessa europea, quel peso è comunque rimasto, e anzi è diventato ancora più gravoso. Le speranze non erano più solo quelle di un'atleta che voleva dimostrare il proprio valore, ma venivano amplificate dall'attenzione mediatica e dal pubblico, che attendeva continui successi.

Questo cambiamento ha introdotto una nuova dimensione di sfida nella vita di Tania. Imparare a convivere con la pressione costante di dover performare al massimo livello è diventato parte integrante del suo percorso. Ogni vittoria, infatti, rappresentava sì un trionfo personale, ma portava con sé un aumento delle aspettative per le gare future.

«È una cosa che bisogna riuscire a gestire, perché fa parte del gioco. Quando vinci una gara importante, la situazione cambia e gli altri iniziano ad aspettarsi da te risultati ancora migliori. Non è stato facile.»

Le altissime aspettative, spesso accompagnate da critiche severe in caso di risultati non all'altezza delle stesse, si sono ripresentate anche durante le Olimpiadi di Parigi del 2024. Un episodio particolarmente discusso è stato quello di Benedetta Pilato, che ha conquistato il quarto posto nei 100 metri rana. La nuotatrice è stata duramente criticata in diretta per aver festeggiato nonostante non fosse salita sul podio. Questo esempio, insieme a molti altri, evidenzia quanto sia ancora necessario lavorare per cambiare tale mentalità e dinamiche sociali tossiche.

Uno dei momenti più difficili della carriera di Tania sono state le Olimpiadi di Londra del 2012, dove la pressione mediatica era enorme. Questo la portò a sentirsi sopraffatta, e nonostante fosse in perfetta forma fisica perse la concentrazione, ottenendo due quarti posti.

«Mi ricordo che prima di Londra i giornali scrivevano che andavo lì per vincere, cosa che ovviamente non avevo mai detto, perché ritenevo con convinzione che le atlete cinesi fossero le migliori, e infatti avevano sempre vinto nella storia dei tuffi. Il mio obiettivo era arrivare terza, e già quello sarebbe stato un sogno, che poi però è svanito.

«A Londra sentivo una grandissima pressione da parte dei media e di tutti, perché si aspettavano che finalmente prendessi la tanto attesa medaglia. Questo ha avuto un impatto significativo: sono arrivata in perfetta forma, forse anche un po' troppo magra e scavata in viso a causa della tensione. Tuttavia, la pressione ha reso le cose più complicate e mi ha un po' frenata, facendomi perdere la concentrazione sul mio vero obiettivo.

«Durante quella settimana ho ottenuto due quarti posti, che sono stati i momenti più difficili e dolorosi della mia carriera. Affrontare il dopo, con tutte le interviste e gli sponsor che mi aspettavano con la medaglia, è stato veramente difficile. Non

potevo dare spiegazioni sul perché non avevo vinto, e nessuno lo sapeva. Ho dato la colpa al destino, perché non sapevo a che altro aggrapparmi. Ogni tanto queste cose succedono senza un vero motivo. Perdere per 20 centesimi di punto è dura da accettare.»

La pressione mediatica e sociale che gli atleti di alto livello come Tania devono affrontare può avere pesanti ripercussioni sulla loro salute mentale. La ricerca in psicologia sportiva ha dimostrato che le aspettative elevate e la paura del fallimento possono portare a livelli estremamente alti di stress e ansia (Hanton, Fletcher, Coughlan, 2005).

Gli atleti sono spesso considerati modelli di perfezione e successo: per molti sportivi la vulnerabilità e il fallimento sono inaccettabili. La paura di deludere i fan, i media, la propria famiglia e persino sé stessi è tale, a volte, da diventare schiacciante. Questo tipo di pressione può portare a un ciclo di ansia e stress che non solo compromette le performance in gara, ma apre le porte a disturbi d'ansia, burnout, depressione e altri problemi di salute mentale. La costante necessità di dimostrare il proprio valore e di mantenere elevati standard di prestazione può diventare fonte di esaurimento emotivo e fisico, influenzando negativamente la qualità della vita dell'atleta.

Inoltre, nel mondo dello sport, il machismo amplifica tali dinamiche. In un ambiente dominato da aspettative di prestazioni impeccabili, gli atleti possono sentirsi obbligati a nascondere le proprie vulnerabilità e a non mostrare segni di debolezza. Questo atteggiamento rende più difficile cercare un sostegno quando se ne ha bisogno, e aggrava ulteriormente i problemi di salute mentale.

Per fortuna, Tania non ha mai avuto difficoltà a chiedere aiuto e ha beneficiato del supporto di una psicologa durante la sua carriera. Questo le ha permesso di affrontare le sfide mentali con maggior consapevolezza, e di lavorare al raggiungimento di un equilibrio psicologico. Tuttavia, molti altri atleti trovano difficile ammettere le proprie fragilità e affidarsi a un terapeuta. La stigmatizzazione della debolezza nel contesto sportivo può portare gli atleti a soffrire in silenzio, con conseguenze devastanti per la loro salute mentale e fisica. È perciò essenziale promuovere una cultura di apertura e di accettazione della vulnerabilità anche in ambito sportivo, ed è cruciale incoraggiare tutti gli atleti a cercare aiuto senza timore di giudizi negativi. Solo così si può costruire un ambiente sportivo più sano e sostenibile.

Oggi la situazione fortunatamente sta migliorando: molti atleti non fanno più mistero delle loro difficoltà psicologiche, contribuendo a infrangere il tabù che circonda la salute mentale nello sport. Due esempi significativi sono quelli di Simone Biles, la ginnasta statunitense che si è ritirata dalle Olimpiadi di Tokyo del 2020 per proteggere la sua salute mentale, e di Naomi Ōsaka, la tennista ex numero 1 al mondo, che nel 2021 ha dato forfait agli Open di Francia dichiarando apertamente i suoi problemi di depressione e ansia. Le decisioni di Biles e Ōsaka hanno avuto un grande impatto mediatico, indirizzando l'attenzione globale sull'importanza del benessere psicologico degli atleti. La loro apertura e sincerità ha ispirato molti altri sportivi a parlare delle loro difficoltà e a cercare un supporto adeguato.

Le due campionesse hanno dato tanta visibilità al tema, il che è positivo, ma purtroppo hanno ricevuto anche molte critiche, e ciò conferma che la salute mentale è ancora un tabù per troppi. Le reazioni negative hanno evidenziato come, nonostante i progressi, ci sia ancora molto da fare per educare il pubblico e per abbattere gli stereotipi legati alla vulnerabilità e al benessere mentale.

L'attenzione costante dei media amplifica ogni errore e ogni fallimento, facendo sentire gli atleti perennemente sotto la lente di un microscopio. Qualsiasi passo falso viene analizzato e criticato, spesso senza considerare le circostanze personali o emotive che la persona sta attraversando, né le conseguenze di queste critiche sulla sua serenità e sul suo benessere mentale. Questo scrutinio incessante può rendere difficile trovare un equilibrio tra la vita professionale e quella privata, e limita le capacità di recupero e rigenerazione mentale. La mancanza di tempo per il riposo, fisico e psicologico, è un problema significativo che può aggravarsi nel tempo, portando a un deterioramento della salute mentale generale.

È fondamentale riconoscere e affrontare questi problemi, in modo che gli atleti possano raggiungere il loro pieno potenziale in tranquillità. Promuovere un approccio più equilibrato e umano allo sport di alto livello significa anche fornire a chi lo pratica gli strumenti necessari per gestire la pressione. Questo include l'accesso a professionisti della salute mentale, la creazione di ambienti di supporto e la promozione di una cultura che valorizzi la resilienza e il benessere psicologico tanto quanto le prestazioni atletiche.

PRESSIONE NELLA PSICOLOGIA SPORTIVA

La pressione è un tema centrale nella psicologia sportiva e può essere definita come l'insieme delle aspettative interne ed esterne che un atleta percepisce prima e durante le competizioni. La pressione esterna comprende le aspettative di allenatori, compagni di squadra, famigliari e tifosi. Gli atleti di alto livello, in particolare, sono spesso sotto i riflettori dei media, che possono amplificare ogni successo e ogni errore. La pressione interna, invece, deriva dalle aspettative che gli atleti hanno riguardo a sé stessi, puntando alla perfezione e al superamento dei propri limiti.

Gli effetti della pressione possono essere significativi. L'aspettativa per una prestazione e la paura del fallimento possono generare alti livelli di stress e ansia, compromettendo le capacità di concentrazione e rendimento (Smith, Pacewicz, Raedeke, 2019). Un'esposizione prolungata a situazioni di stress elevato può provocare il burnout, una condizione di esaurimento fisico e mentale che riduce l'efficacia dell'atleta e può portare all'abbandono dello sport (Gustafsson et al.*, 2015). La pressione può anche causare variazioni significative nelle prestazioni: mentre alcuni atleti si trovano a eccellere, altri sperimentano un calo di rendimento.*

Per gestire efficacemente la pressione, gli atleti possono adottare diverse strategie. Per esempio, le tecniche di respirazione e rilassamento permettono di ridurre i livelli di ansia e di migliorare la concentrazione. L'adozione della mindfulness può aiutare gli atleti a rimanere nel momento presente, riducendo l'impatto dei pensieri negativi e delle preoccupazioni (Gardner, Moore, 2017). Un'altra tecnica è quella della visualizzazione, con cui per esempio un tuffatore può immaginare ogni dettaglio del suo tuffo perfetto, dal salto all'entrata in acqua. Inoltre, lavorare con uno psicologo sportivo può fornire agli atleti strumenti e strategie personalizzati per gestire la pressione (Jones, 2012).

Riuscire ad affrontare l'ansia da prestazione è cruciale per il successo e il benessere a lungo termine degli atleti. Attraverso un approccio olistico che include tecniche psicologiche, supporto emotivo e preparazione fisica, coloro che praticano sport a livello agonistico possono imparare a trasformare la pressione da ostacolo a opportunità per migliorare le loro prestazioni e per progredire nella loro crescita personale.

Avere un buon benessere mentale, di fatto, è ciò che può fare la differenza tra il successo e il fallimento, tra la serenità e il burnout. Questo principio vale non solo per le discipline sportive e le gare agonistiche, ma anche per molti altri ambiti della vita professionale e personale. Riuscire a gestire efficacemente uno «stressor», ovvero un fattore stressante, è cruciale per ognuno di noi. Per Tania, gli stressor principali erano la pressione delle competizioni e le aspettative esterne. Tuttavia, gli stressor possono assumere molte altre forme: una crisi con il partner, un capo manipolatore sul lavoro, un famigliare malato, e molte altre situazioni che possono mettere alla prova la nostra stabilità emotiva.

Nella vita di ognuno di noi questi stressor spesso sono inevitabili e devono essere affrontati come parte integrante della quotidianità. Non possiamo eliminarli, ma possiamo imparare a conviverci in modo costruttivo; per questo motivo è fondamentale sviluppare strategie efficaci di gestione dello stress. Tecniche come la respirazione profonda, la meditazione, la mindfulness e la pratica regolare di attività fisiche possono aiutare a scaricare la tensione. Inoltre, il supporto di un professionista della salute mentale può offrire strumenti e prospettive che facilitino il superamento delle difficoltà. Imparare a gestire gli stressor non solo migliora la qualità della nostra vita, ma ci rende anche più resilienti e capaci di affrontare le sfide future con maggior sicurezza e tranquillità.

«Io dico sempre che i tuffi sono per il 90% una questione di testa» avevo letto su un giornale che citava un'intervista di Tania. Le ho chiesto il perché. Avevo colto il significato, ma ero curiosa di conoscere il suo punto di vista.

«I tuffi sono veramente molto mentali, perché ti alleni per quattro anni, magari per un'Olimpiade, sei in perfetta forma fisica, ma hai solo cinque tuffi a disposizione. È uno degli sport in cui non puoi recuperare neanche se sbagli solo un mezzo tuffo. Il tuo sogno può svanire in un attimo, quindi in quei momenti devi essere estremamente focalizzato su ciò che stai facendo.

«Penso che il fatto che tutto si giochi in una frazione di meno di due secondi sia molto mentale, perché devi concentrarti al massimo per cinque volte. Inoltre, tra un tuffo e l'altro devi rilassarti, staccare, riscaldarti di nuovo e tornare in gara, perché una finale può durare anche un'ora e mezzo. Non puoi

mantenere una concentrazione assoluta per tutto quel tempo, quindi devi saper gestire i singoli momenti.

«È proprio una questione di testa, anche se l'allenamento è fondamentale. Una volta lì, conta veramente solo la testa.»

L'ansia era diventata una costante nella vita di Tania, la accompagnava in tutti i momenti cruciali della sua carriera. Prima delle gare, la paura di fallire, di deludere gli altri e di non raggiungere gli obiettivi prefissati era intensa e opprimente. Ogni tuffo non rappresentava solo una sfida fisica, ma comportava anche un enorme peso emotivo. Questa sensazione di stress e malessere era accentuata dall'eccesso di adrenalina e agitazione, che non erano affatto piacevoli per lei. Le competizioni portavano con sé un carico emotivo la cui gestione richiedeva uno sforzo mentale straordinario.

ANSIA DA PRESTAZIONE IN PSICOLOGIA SPORTIVA

L'ansia da prestazione è un fenomeno comune tra gli atleti di alto livello, e può avere un impatto significativo sulle loro prestazioni e sul loro benessere psicologico. Si manifesta come una preoccupazione intensa riguardo alla capacità di esibirsi sotto pressione, spesso accompagnata da sintomi fisici come tachicardia, sudorazione eccessiva, tensione muscolare e disturbi gastrointestinali. Questa forma di ansia è alimentata dalla paura del fallimento, dalle aspettative elevate e dallo stress di dover soddisfare le aspettative proprie e altrui.

Gli atleti che soffrono di ansia da prestazione possono sperimentare una serie di conseguenze negative. L'ansia può compromettere la concentrazione, la coordinazione e la memoria, elementi cruciali per le performance sportive. Inoltre, l'ansia persistente può portare a una riduzione della fiducia in sé stessi, aumentando il rischio di burnout e infortuni. La pressione costante generata dalla necessità di dover performare al massimo livello può anche influire negativamente sulla salute mentale, causando depressione e altre condizioni psicologiche (Smith, Pacewicz, Raedeke, 2019).

È proprio vero che è una questione di testa. L'allenamento, il fisico, la competenza e le capacità sono fondamentali ma, una volta lì, senza la testa non si va da nessuna parte. In quest'ottica, l'ansia da prestazione non deve necessariamente essere vista come un nemico da combattere, ma come un elemento da accettare e gestire. La ricerca in psicologia sportiva suggerisce che, invece di provare a eliminare completamente l'ansia, è utile considerarla una parte integrante dell'esperienza competitiva. Molti atleti di successo imparano a utilizzare le sensazioni di stress e adrenalina come carburante per migliorare le loro prestazioni.

Questo approccio si basa sulla teoria dell'accettazione e dell'impegno, che propone l'idea secondo cui cercare di sopprimere le emozioni negative può spesso peggiorarle. Accogliere l'ansia come una componente naturale del processo competitivo, senza ignorarla o censurarla, permette agli atleti di focalizzarsi sulla performance, anziché sui sintomi dell'ansia stessa. La consapevolezza e l'accettazione trasformano una potenziale debolezza in una fonte di forza, rendendo l'atleta più resiliente e preparato ad affrontare le sfide in gara. Vedere l'ansia in questo modo può fare la differenza tra una performance buona e una eccellente.

Attraverso tecniche come la mindfulness e la visualizzazione, gli atleti possono imparare a restare presenti e focalizzati, utilizzando l'energia dell'ansia per alimentare la loro determinazione e concentrazione. Questo cambiamento di prospettiva non solo migliora le prestazioni, ma contribuisce anche ad approcciarsi in modo più tranquillo alla competizione.

«Ho affrontato molti argomenti con la mia psicologa, ma quello principale è stato imparare a vivere bene soprattutto il quadriennio olimpico successivo alla delusione di Londra. Abbiamo anche discusso di come avrei affrontato la situazione nel caso in cui anche a Rio 2016 non avessi vinto una medaglia.

«La cosa più importante che mi ha insegnato è che, mentre io volevo eliminare l'ansia in gara e quel malessere provocato dall'adrenalina, dovevo accettarla come parte di me e usarla come benzina per affrontare le competizioni. Questo è stato fondamentale, perché invece di evitarla l'ho integrata nel mio approccio alla gara, ed è diventata molto utile.

«Abbiamo discusso anche delle mie preoccupazioni personali, come quelle sul matrimonio. Mi sono aperta con lei su tutti i

fronti, ed è stato estremamente utile e positivo. Dopo ogni incontro o telefonata con lei, mi sentivo sempre più leggera.

«Consiglierei a tutti i ragazzi di avere una persona con cui confidarsi e di lavorare su sé stessi come ho fatto io con la mia psicologa.»

Nella società moderna ci troviamo di fronte a una vera e propria epidemia di ansia. Ricerche e studi presentano dati variabili, ma tutti concordano sul fatto che gli stati ansiosi siano molto diffusi e in aumento in diverse categorie di persone. Ciò rende il tema di questo capitolo particolarmente rilevante, poiché le strategie e i concetti applicati da un'atleta eccezionale come Tania possiamo metterli in pratica tutti.

L'ansia è una realtà che molti di noi affrontano, seppure in contesti diversi. Che si tratti del timore di parlare in pubblico, di esporsi davanti a persone sconosciute, della paura della malattia, nostra o dei nostri cari, il concetto centrale rimane lo stesso: l'ansia va gestita, non ignorata o nascosta. Solo così possiamo impedire che essa prenda il controllo della nostra vita.

Riflettendo sulle esperienze di Tania, vediamo che accettare l'ansia come una parte naturale della nostra esistenza e imparare a conviverci in modo costruttivo è una strategia potente, e non solo per vincere medaglie olimpiche: infatti non ci aiuta soltanto a migliorare le nostre prestazioni in situazioni stressanti, ma contribuisce anche a un maggiore benessere psicologico globale. Affrontare l'ansia richiede consapevolezza, impegno e uso di determinate tecniche, e per imparare a farlo serve il supporto di un professionista della salute mentale.

Quindi, qualora nella vita vi trovaste ad affrontare sintomi d'ansia, ricordate: non cercate di ignorarla o sopprimerla, ma imparate a gestirla con un professionista. Solo così potrete riprendere un controllo sano della vostra vita, proprio come ha fatto Tania nelle sue sfide più difficili.

Oggi, come detto, Tania lavora con i giovani atleti, aiutandoli a gestire la pressione e a trovare gioia nello sport.

«Ho deciso di diventare mental coach soprattutto perché mi sembrava un peccato non condividere tutto quello che avevo appreso in questi anni. Ho imparato fino all'ultima gara come affrontare una competizione importante, e mi sembrava giusto saperne di più e trasmettere agli altri queste conoscenze.

«Inoltre, mi ha sempre interessato il lato mentale. In questi anni ho capito quanto la mente potesse fare la differenza: anche se non ti sentivi bene fisicamente, essere in forma a livello mentale o riuscire a pensare nel modo giusto poteva davvero cambiare le cose. Questo aspetto mi ha sempre affascinato, visto che ho lavorato tanto con la mia psicologa sportiva, che mi ha aiutato moltissimo. Volevo approfondire il tema e avere qualche strumento in più per essere di supporto ai ragazzi.»

Tania aiuta i giovani atleti ad affrontare le difficoltà nel modo più semplice e naturale possibile, spingendoli a riflettere su ciò che li motiva e li rende davvero felici. Il suo obiettivo è far sì che comprendano se stanno praticando uno sport per passione autentica o se lo stanno facendo per altre ragioni esterne: per abitudine, per soddisfare le aspettative dei genitori, o magari perché hanno iniziato insieme a un amico. Lo sport richiede sacrificio, e il sacrificio per motivi sbagliati porta con sé un conto salato da pagare, fatto potenzialmente di frustrazione, risentimento e infelicità. Ecco perché per Tania è essenziale che i ragazzi capiscano se ciò che stanno facendo è davvero la scelta giusta per loro e se li appaga realmente.

Oltre a questo, li aiuta ad affrontare le paure legate alla partecipazione alle gare, come il timore di sbagliare un tuffo o di deludere qualcuno. Il tema del deludere gli altri, che siano i propri cari, i media o gli sponsor, è uno dei più ricorrenti, e Tania lavora duramente per alleggerire questa pressione, spiegando ai ragazzi che, alla loro età, dovrebbero prima di tutto divertirsi, e non sentirsi schiacciati dalle aspettative. Spesso sottolinea l'importanza di godersi il percorso, piuttosto che focalizzarsi esclusivamente sui risultati.

Il mental coaching sportivo, come quello praticato da Tania, svolge un ruolo cruciale nel supporto degli atleti, non solo per migliorare le loro prestazioni, ma anche per promuovere il loro benessere mentale. Gli atleti, come abbiamo visto, sono spesso soggetti a enormi pressioni da parte di allenatori, genitori, media e sé stessi. Queste pressioni, specialmente nei giovani, che non hanno ancora sviluppato strumenti mentali per difendersi, possono portare a livelli elevati di stress e ansia che, se non sono ben gestiti, possono influire negativamente sia sulle prestazioni sportive sia sulla salute mentale generale. L'allenamento mentale non solo aiuta i giovani atleti a eccellere nelle competizioni, ma promuove anche un approccio più equilibrato e sostenibile alla loro carriera sportiva.

Inoltre, il mental coaching sottolinea l'importanza di prefiggersi obiettivi realistici e di celebrare i progressi, per quanto piccoli possano sembrare. Ciò aiuta a mantenere alta la motivazione e a ridurre il rischio di burnout. Gli atleti imparano a vedere gli errori non come fallimenti, ma come opportunità di crescita e miglioramento continuo.

MENTAL COACHING SPORTIVO

Il mental coaching sportivo è una pratica fondamentale per gli atleti che desiderano migliorare le proprie prestazioni imparando a gestire lo stress. Questo tipo di coaching si concentra sull'ottimizzazione della mentalità dell'atleta, fornendo strumenti e strategie per affrontare le sfide psicologiche che accompagnano le competizioni di alto livello. Un mental coach aiuta gli atleti a sviluppare competenze chiave come la gestione dello stress, la concentrazione, la resilienza e la motivazione. È ottimale che un coach lavori insieme a uno psicologo.

Il mental coaching utilizza diverse tecniche per dare una mano agli sportivi a raggiungere il loro pieno potenziale. Tra queste, una pratica molto comune è la visualizzazione, che consiste nell'immaginare in modo dettagliato le prestazioni desiderate per prepararsi mentalmente alle competizioni. La mindfulness invece aiuta gli atleti a rimanere concentrati sul momento presente, riducendo l'impatto dei pensieri negativi e delle preoccupazioni. Inoltre, le tecniche di rilassamento come la respirazione profonda e la meditazione possono essere utilizzate per ridurre l'ansia e migliorare la concentrazione.

Gli studi dimostrano che il mental coaching può avere un impatto significativo sulle prestazioni degli atleti. Per esempio, una ricerca condotta da Gardner e Moore (2017) ha evidenziato come gli atleti che praticano la mindfulness e la visualizzazione riportino livelli inferiori di ansia e maggiore capacità di concentrazione. Un altro studio di Jones (2012) ha mostrato che gli interventi cognitivo-comportamentali possono migliorare la resilienza mentale e ridurre il burnout tra gli atleti. Si può dedurre quindi che un sostegno composto da mental coaching e supporto psicologico possa portare risultati ottimali nella salute mentale degli sportivi.

Promuovendo una cultura di autoconsapevolezza, accettazione e miglioramento continuo, il mental coaching contribuisce a creare atleti non solo di successo, ma anche mentalmente sani e resilienti. In un ambiente sportivo dove la pressione e le aspettative sono sempre elevate, avere un supporto psicologico adeguato può fare la differenza tra una carriera sportiva serena e un percorso segnato da stress e insoddisfazione.

Un altro aspetto interessante che mi fa notare Tania è come spesso sia più utile lavorare con i genitori che con i ragazzi stessi, facendo capire loro l'importanza di non stressare troppo i figli. Molti genitori, senza rendersene conto, tendono a trasferire le proprie ambizioni, aspettative e paure sui figli, creando un ambiente pesante. Questo trasferimento di pressioni può avere conseguenze significative sul benessere emotivo e psicologico dei giovani atleti. Quando le aspettative dei genitori sono troppo elevate o irrealistiche, i figli arrivano a sentirsi schiacciati dal peso della necessità di soddisfare queste aspirazioni, perdendo così il piacere e la passione per lo sport. Ciò può influire profondamente sull'autostima e la motivazione dei ragazzi. Un ambiente di supporto equilibrato, in cui l'accento viene posto sul divertimento, sull'apprendimento e sulla crescita personale, piuttosto che sui risultati e sulla vittoria a tutti i costi, può fare una differenza enorme.

Tania cerca di far capire ai genitori l'importanza di sostenere i propri figli in modo incondizionato, incoraggiando il loro amore per lo sport senza trasformarlo in una fonte di stress. Quando i genitori riescono a riconoscere e a gestire le proprie aspettative, aiutano i loro figli a sviluppare una mentalità e una competitività sane. I giovani atleti che si sentono supportati in modo positivo sono più propensi a mantenere una buona salute mentale, a perseverare nonostante le difficoltà e a godersi il viaggio sportivo. Questo approccio non solo migliora le prestazioni agonistiche, ma promuove anche uno sviluppo psicologico equilibrato, riducendo il rischio di burnout e di abbandono precoce dello sport.

Tania lavora quindi non solo per migliorare le capacità mentali e fisiche degli atleti, ma anche per creare un ambiente di supporto complessivo che coinvolga le famiglie. Educare i genitori a essere consapevoli del loro impatto e a sostenere i propri figli in modo positivo è essenziale per il benessere a lungo termine degli atleti. Insegnando ai genitori a celebrare i progressi e a valorizzare l'impegno piuttosto che i risultati, il lavoro di Tania contribuisce a costruire una cultura sportiva più corretta e rispettosa.

* * *

«Ho avuto la fortuna di avere due genitori che mi capivano, perché avevano praticato lo stesso sport, e che non mi hanno mai messo pressione. Quando ho iniziato con le competizioni importanti, hanno continuato a trattarmi come una bambina – perché a quindici anni effettivamente lo sei –, non come una bambina prodigio che deve dimostrare qualcosa alle Olimpiadi. Su questo mi hanno protetto molto. Auguro a tutti i ragazzi che stanno diventando forti nello sport di avere genitori così, che non sfruttino il momento e non vedano l'attività sportiva come un mezzo per diventare famosi o per cogliere un'opportunità a tutti i costi.

«È importante che i genitori si godano il momento e permettano ai figli di allenarsi al meglio, compiendo le scelte giuste riguardo alla scuola e a come gestirla. Non si deve far saltare le lezioni, piuttosto occorre trovare un accordo con i professori. La scuola è importante, non bisogna trascurarla. Quindi, è fondamentale che i genitori sostengano i loro figli senza mettere troppa pressione.»

Guardando al futuro, Tania spera di continuare a contribuire in modo significativo al benessere mentale degli atleti, combattendo con determinazione lo stigma ancora presente riguardo alla salute mentale. Crede fermamente che la vera forza risieda nella capacità di riconoscere e condividere le proprie fragilità. Parlare di ciò che ci fa stare male non è un segno di debolezza, ma una dimostrazione di coraggio e resilienza. Questo è un passo fondamentale per costruire un ambiente sportivo più sano, inclusivo e comprensivo, dove ogni atleta possa sentirsi sostenuto e valorizzato non solo per i suoi successi, ma anche per il suo impegno.

Tania immagina un futuro in cui il benessere mentale sia considerato importante quanto la preparazione fisica, un futuro in cui gli atleti possano gareggiare senza sacrificare la loro salute psicologica. Attraverso il suo lavoro, si impegna a trasmettere questa visione alle nuove generazioni, insegnando loro che il vero successo nello sport e nella vita parte dalla testa e dal cuore. Con la sua esperienza e la sua passione continua a ispirare e a guidare, dimostrando che, con il giusto supporto, ogni sfida può essere trasformata in un'opportunità di crescita e di miglioramento.

La sua storia è un faro di speranza per tutti coloro che lottano per trovare un equilibrio tra il successo e il benessere personale, e ci insegna che la vera vittoria si ottiene dentro di sé, superando le paure e le difficoltà, e che il viaggio verso l'eccellenza è significativo più del raggiungimento dei traguardi stessi.

La felicità motivata di Fru

Chi è Gianluca

FRU, nome d'arte di Gianluca Colucci, è un comico e attore italiano noto per il suo ruolo nei The Jackal, collettivo artistico, *content factory* e casa di produzione che ha rivoluzionato il panorama dell'intrattenimento online in Italia.

Nato a Napoli nel 1995, ha trascorso i primi anni della sua vita in diverse località italiane, trasferendosi frequentemente per via del lavoro del padre, fino a stabilirsi da bambino a Vibo Marina, in Calabria, e nella periferia partenopea all'età di undici anni.

Fin dall'infanzia, Gianluca ha mostrato un forte interesse per l'intrattenimento e la comicità, ispirato da figure come Vincenzo Salemme e Luciano De Crescenzo. Con i The Jackal ha partecipato a numerosi progetti di successo, tra cui il film *Addio fottuti musi verdi* (2017), la serie tv *Generazione 56K* (2021) e *Pesci piccoli - Un'agenzia. Molte idee. Poco budget*

(2023, Prime Video). Ha preso parte a programmi televisivi come *LOL - Chi ride è fuori* (2021) e *Pechino Express* (2022), nel quale, insieme ad Aurora Leone, formava la coppia de Gli Sciacalli. Nel 2023, sempre con Aurora Leone, ha condotto su Disney+ *Italia's Got Talent* e nel 2024 è tornato a *Pechino Express* come inviato sul campo. Questi progetti hanno consolidato la sua popolarità e gli hanno permesso di esprimere pienamente il suo talento comico.

I The Jackal hanno ottenuto anche un enorme successo online. Alcuni dei loro video più celebri, come *Gli effetti di Gomorra sulla gente* e *Gli effetti di Despacito sulla gente*, hanno totalizzato milioni di visualizzazioni, rendendoli una delle realtà più influenti nel panorama dell'intrattenimento digitale in Italia.

Oltre alla sua carriera con i The Jackal, Gianluca è noto per essere molto attivo sui propri profili social, dove condivide riflessioni, esperienze e contenuti comici con i suoi followers.

Che cosa si nasconde dietro le battute di Gianluca Fru, a raffica una dopo l'altra, e dietro il famoso urlo «Cos'è questa felicità immotivata?» Apparentemente niente: Gianluca è un libro aperto, una di quelle persone che parlano senza sosta, ribadendo ogni sei frasi qualcosa del tipo «Lo so, sono logorroico, ma...» per poi continuare. Eppure, al di là di ogni brillante motto di spirito dei suoi sketch c'è un profondo percorso di introspezione e ricerca di significato.

Gianluca utilizza l'umorismo come una lente per esplorare

e comprendere il mondo e regolare sé stesso, trasformando le sue esperienze di vita in momenti di comicità che risuonano con il pubblico. Le sue battute non servono solo a strappare una risata, ma riflettono e analizzano la realtà, ridandole senso e significato. La sua infanzia nomade e la conseguente necessità di adattarsi a nuovi ambienti hanno infatti affinato la sua capacità di osservare e raccontare le dinamiche umane con una sensibilità particolare. Dietro l'apparente leggerezza delle sue performance c'è un mondo di emozioni, insicurezze e desiderio di autenticità. Gianluca è un maestro nel trasformare le difficoltà personali in forza creativa e nell'esprimere le sue verità interiori attraverso la comicità. Ogni risata che suscita è un invito a vedere oltre la superficie, a riconoscere la complessità o l'esagerazione di alcuni aspetti dell'esperienza umana e a trovare forza nell'onestà e nella vulnerabilità.

Gianluca è, come tutti noi, un caleidoscopio di identità e passioni. Parla tanto, pensa tanto e legge ogni singolo commento sui social (più ai post altrui che ai propri), per «studiare i fenomeni antropologici dei giorni nostri». È un appassionato di fumetti e videogiochi, un esploratore curioso del mondo che nella vita ha dovuto imparare a trattenere la pipì per ore e ore, una «competenza» che oggi ritiene fondamentale per *Pechino Express*. Ma procediamo con ordine!

Il fenomeno dello shock culturale si studia soprattutto tra gli expat, però a volte avviene anche all'interno dello stesso Paese. Come detto, Gianluca nasce a Napoli ma trascorre un periodo della sua vita in Calabria, a Vibo Marina, una località di circa 8.000 abitanti che si sviluppa intorno a un porto.

* * *

«Andavo sempre in giro in bici, come una versione meno fortunata di Stranger Things. *A dieci anni ero totalmente indipendente; dovevo solo rientrare a casa all'orario imposto da mia madre, solitamente le 20.»*

Gianluca resta a Vibo Marina fino all'inizio delle scuole medie, vivendo un'infanzia libera e spensierata. La madre lo ha sempre incoraggiato, insieme al fratello, a essere sé stesso, e Fru ha colto fin da piccolo questo invito alla diversità e all'unicità.

Possiamo immaginarlo in quegli anni girare in bici con i capelli lunghi e i vestiti hip hop, uno stile decisamente non di moda per la classe del 1995. A Gianluca piaceva così, e nessuno pareva avere problemi al riguardo. Questa infanzia di autonomia e scoperta gli ha permesso di sviluppare una forte identità personale, l'attitudine alla libertà di pensiero e azione e una curiosità insaziabile per il mondo che lo circonda.

Con queste premesse, il trasferimento al rione Incis di Ponticelli, nella periferia di Napoli, all'inizio della sua adolescenza ha rappresentato uno shock culturale significativo.

«Il doppio inserimento alle medie è stato difficile a causa dello stravolgimento della mia vita. Sono passato dal vivere in un piccolo paese, dove avevo trascorso la mia infanzia, a Napoli, una città immensa. Questo passaggio mi ha tolto molta della libertà che avevo da bambino. A Vibo Marina mi sentivo libero, mentre nella periferia di Napoli non potevo avere la stessa indi-

pendenza. Ciò ha reso difficile il mio ingresso nell'adolescenza e il riuscire a farmi degli amici nel nuovo contesto.

«Tutto mi sembrava gigantesco e diverso: spostamenti con i mezzi pubblici o in auto, tutto folle. A Vibo Marina ero un bambino autonomo, uscivo da solo e andavo nei negozi anche di sera. In città, invece, se volevo uscire mio padre doveva accompagnarmi. Inoltre ero molto diverso dagli altri, anche nel modo di vestire. Tutto questo mi ha portato a chiudermi nella mia stanza, mentre i miei compagni socializzavano e uscivano. Fortunatamente ho trovato nei videogiochi e nei fumetti un grande sfogo. Ogni passione che ho coltivato è diventata totalizzante, ma mi ha aiutato.»

Lo shock culturale è un tema poco discusso, ma fa parte del grande calderone delle esperienze umane che viviamo e che spesso cerchiamo di normalizzare e sminuire, mentre andrebbero affrontate con maggiore attenzione.

«È normale trasferirsi, che vuoi che sia?» «Napoli è pure bella, di che ti lamenti?...» «Vabbè, tutti cambiano, prima era socievole e adesso si chiude in camera, che c'è di male?» Sono molte le frasi che minimizzano le difficoltà legate al cambiamento culturale e sociale, rendendo la sofferenza di chi le vive quasi invisibile. Così questo disagio resta nascosto, sia agli altri sia a sé stessi.

La normalizzazione ha molte sfaccettature. Come abbiamo già detto in precedenza, normalizzare la richiesta di aiuto è positivo, e crea un ambiente in cui le persone si sentono autorizzate a prendersi cura del proprio benessere emotivo, riducendo così il rischio di isolamento e disperazione. Incoraggiare le persone a cercare supporto senza vergogna può fare una grande differenza nel loro benessere mentale. Normalizzare la sofferenza, invece, sottostimandola o addirittura deridendola, è deleterio. Tentare di razionalizzare le difficoltà come semplici «parti della vita» può impedire a chi le vive di riconoscere la legittimità dei propri sentimenti e di cercare il supporto necessario. Questo approccio rischia di invalidare le esperienze delle persone, spingendole a credere che il loro dolore non meriti attenzione o cura. In questo modo la sofferenza può radicarsi più profondamente, portando a conseguenze gravi e durature. È quindi fondamentale riconoscere e validare il dolore altrui, promuovendo un equilibrio tra l'accettazione delle difficoltà e la ricerca attiva di soluzioni e supporto. Solo così possiamo creare una cultura di vera empatia e comprensione, dove ogni individuo si senta visto e ascoltato.

Affrontare lo shock culturale richiede consapevolezza e sensibilità. Riconoscere che un trasferimento, anche all'interno dello stesso Paese, a maggior ragione se in momenti delicati di cambiamento come l'adolescenza, può portare con sé un carico emotivo significativo, è il primo passo per offrire il giusto sostegno. Le esperienze di isolamento, frustrazione e ansia devono essere comprese e gestite.

SHOCK CULTURALE

Lo shock culturale è un fenomeno psicologico che si verifica quando un individuo si trova a vivere in un ambiente significativamente diverso da quello di origine. Questo fenomeno, comunemente studiato in relazione agli expat, può manifestarsi anche all'interno dello stesso Paese, quando si passa da una cultura locale a un'altra, con norme, valori e stili di vita differenti.

Lo shock culturale si sviluppa generalmente in diverse fasi. Quella iniziale, spesso denominata «luna di miele», è caratterizzata da un entusiasmo e una curiosità verso la nuova cultura. In un secondo momento l'individuo può entrare in una fase di crisi o disillusione, in cui le differenze culturali diventano fonte di frustrazione e ansia. Man mano che la persona si abitua, entra nella fase di adattamento, sviluppando strategie per affrontare le difficoltà e integrarsi nel nuovo contesto. Infine, nella fase di accettazione, l'individuo raggiunge un equilibrio, integrando gli aspetti della nuova cultura nella propria vita quotidiana (Ward, Bochner, Furnham, 2001; Oberg, 1960).

Lo shock culturale può avere effetti significativi sulla salute mentale, provocando sintomi come depressione, ansia, irritabilità e sentimenti di alienazione. Gli individui possono sentirsi soli e disconnessi dagli altri; qualcuno lotta per trovare un senso di appartenenza al nuovo ambiente, qualcun altro si isola del tutto.

Per gestire efficacemente lo shock culturale è fondamentale adottare strategie di coping adeguate. Trovare supporto sociale, sia tra i locali sia tra altri expat, può fornire un senso di comunità e appartenenza. Imparare gli usi e conoscere la storia e i costumi locali può ridurre il senso di alienazione e favorire la comprensione del nuovo ambiente. Allo stesso tempo, mantenere alcune routine e abitudini della propria cultura d'origine può fornire stabilità e comfort, mentre la flessibilità e l'apertura mentale possono facilitare la propensione a provare nuove esperienze (Ward, Bochner, Furnham, 2001).

La consapevolezza delle fasi dello shock culturale e l'adozione di strategie di coping adeguate sono essenziali per affrontare le sfide poste da un nuovo contesto culturale, in quanto aiutano gli individui a comprenderlo e apprezzarlo in modo più profondo. Nel caso di bambini e adolescenti, il supporto degli adulti e delle persone intorno a loro è fondamentale, perché a quell'età non si sono ancora sviluppati gli strumenti necessari per gestire in autonomia un tale cambiamento.

Oltre allo shock culturale, purtroppo, Gianluca ha avuto un'ulteriore sfortuna, in quanto si è ritrovato circondato da gruppi di ragazzi, soprattutto più grandi, che gli rendevano la vita ancora più difficile. Racconta:

«Venivo spesso preso di mira dai compagni più grandi. Ormai avevo accettato di essere un "perdente", sapevo di non poter competere».

Questa credenza si è solidificata nella sua mente, portandolo a ritirarsi ancora di più nella sua stanza, rifugiandosi nei videogiochi e nei fumetti. Stava mettendo in atto un meccanismo di difesa per proteggersi dall'umiliazione e dalle violenze che subiva quotidianamente.

Il bullismo che Gianluca ha subito non era principalmente violenza fisica, bensì psicologica. «Mi chiamavano Tarzan, Mowgli, Gesù Cristo a causa dei miei capelli lunghi» ricorda.

Ma, anche dopo essersi tagliato i capelli, la sua eccentricità e il suo essere diverso continuavano a essere bersaglio di scherno.

«Ricordo chiaramente che al liceo il bagno era vicino alla classe della quinta. Se qualcuno mi acchiappava mentre ci andavo, mi sbattevano contro il muro. Non mi picchiavano, ma era comunque una situazione pesante. Ho imparato a non fare pipì per ore, fino a che non tornavo a casa.»

Gianluca ha la capacità di trasformare tutto, anche le brutte esperienze, in comicità: «Però non sai quanto mi aiuta 'sta cosa del non dover fare la pipì per giorni interi! Grazie ai bulli della scuola! Un saluto ai bulli!» mi dice sorridendo e mi racconta di come questa «competenza» lo abbia aiutato nel programma *Pechino Express*. Trovo sempre molto bello quando le persone arrivano a elaborare le proprie difficoltà, trasformandole in punti di forza, ed è proprio questo che fa Fru con la comicità.

Questi episodi hanno lasciato segni profondi. Gianluca è riluttante a usare la parola «bullismo»; quando gliela propongo, risponde d'impulso che c'è di molto peggio, che altre persone subiscono violenze fisiche ben peggiori, e quindi non vuole comparare la sua difficoltà a quella di chi ha vissuto «esperienze ben più gravi delle mie». Sorrido, riflettendo su quanto siamo abituati a sminuire le nostre sofferenze, a sottostimare ciò che ci riguarda anche quando porta conseguenze negative nella nostra vita. Il bullismo psicologico può in alcuni casi essere anche più devastante di quello fisico, poiché colpisce l'autostima e la percezione di sé anche a lungo termine. Questa forma di abuso può lasciare cicatrici emotive profonde e alimentare insicurezze e timori che perdurano nel tempo. Gianluca ha vissuto con la paura costante di essere umiliato davanti ai suoi coetanei, sviluppando di conseguenza un senso di inferiorità che ha combattuto ed elaborato per anni. La sua esperienza evidenzia l'importanza di riconoscere e validare tutte le forme di sofferenza, indipendentemente dalla loro natura. Gianluca ha ascoltato questa riflessione da me, oltre a starci lavorando attivamente in terapia da qualche mese, ormai consapevole che tutti noi siamo ben più di ciò che si vede in superficie.

BULLISMO

Il bullismo è un comportamento aggressivo, ripetuto nel tempo, volto a danneggiare, intimidire o umiliare un individuo percepito come più debole (Olweus, 1993). Esistono diverse forme di bullismo, ognuna con caratteristiche e impatti specifici.

Il bullismo fisico implica atti di violenza diretti verso la vittima, come spintoni, calci, pugni e lancio di oggetti (Smith, Brain, 2000). Per esempio, un gruppo di ragazzi può colpire ripetutamente un compagno di classe durante la ricreazione, causandogli lividi e contusioni.

Il bullismo psicologico o emotivo consiste in atti che mirano a danneggiare l'autostima o il benessere emotivo della vittima. Questo tipo di bullismo include insulti, de-

risioni, diffusione di voci false e isolamento sociale (Rigby, 2003). Un esempio potrebbe essere quello di una ragazza costantemente derisa per il suo aspetto fisico ed emarginata dai suoi compagni di classe.

Il bullismo verbale si manifesta attraverso l'uso di parole per offendere, minacciare o umiliare la vittima (Olweus, 1993). Esempi di bullismo verbale includono insulti, soprannomi offensivi, minacce di violenza e commenti sessisti o razzisti. Per esempio, uno studente può essere chiamato con soprannomi derisori e minacciato verbalmente di essere picchiato se si lamenta.

Il bullismo può avere gravi conseguenze sulla salute mentale e fisica delle vittime, portando a problemi come ansia, depressione e bassa autostima (Rigby, 2003). Riconoscere e affrontare tutte le forme di bullismo è cruciale per creare un ambiente sicuro e di supporto per tutti gli individui.

La normalizzazione della sofferenza è un problema comune e pervasivo. Frasi come «Ci sono problemi peggiori» o «Pensa ai bambini in Africa» sono tentativi maldestri di relativizzare il dolore, che finiscono per invalidare le emozioni delle persone e rendere ancora più difficile chiedere aiuto. Questo tipo di minimizzazione non solo sminuisce la questione, ma può portare chi soffre a interiorizzare l'idea che il suo disagio non sia degno di attenzione o cura. Gianluca stesso riconosce quanto avrebbe potuto beneficiare del supporto dei suoi genitori, se solo avesse avuto il coraggio di aprirsi con loro.

* * *

«Se potessi tornare indietro, direi a Gianluca di parlare con i suoi genitori. Alle soglie dei trent'anni, mi pento di non aver mai chiesto aiuto. Sono sicuro che tutte le cose belle sarebbero comunque arrivate.»

Chiedere aiuto non è un segno di debolezza, ma di forza. È un riconoscimento della propria vulnerabilità e un passo fondamentale verso il benessere. La società deve imparare a valorizzare e a supportare chi vuole farsi aiutare, poiché solo attraverso il riconoscimento e l'attenzione ai propri sentimenti è possibile iniziare un percorso di guarigione. Accettare e validare le proprie emozioni permette di costruire una solida base di autostima e resilienza. Se invece la sofferenza non viene affrontata, può radicarsi profondamente, portando a conseguenze a lungo termine sulla salute mentale. È quindi essenziale creare un ambiente in cui le persone si sentano sicure e sostenute nel condividere le proprie difficoltà, senza paura di essere giudicate o sminuite.

Inoltre, ammettere le proprie difficoltà fa sì che si instaurino relazioni più forti e autentiche. Quando si ha il coraggio di essere vulnerabili, si permette agli altri di offrire supporto e comprensione: in questo modo i legami si rafforzano e si viene a creare una rete di sostegno fondamentale. Questo non solo migliora il benessere individuale, ma contribuisce anche a costruire una comunità più empatica e solidale. Gianluca ci ricorda che riconoscere e affrontare le proprie vulnerabilità è il primo passo verso una vita più piena e soddisfacente.

* * *

«Ti racconto un altro episodio. In terza media organizzai una festa per il mio compleanno in una pizzeria del mio quartiere. Era un pranzo infrasettimanale, quindi pensavo che non ci sarebbe stata molta gente, e invece ci trovai quei ragazzi della scuola che solitamente mi prendevano di mira. Anziché una festa, fu un vero inferno. Continuavano a prendermi in giro per il modo in cui ero vestito, rovesciarono l'acqua sul tavolo: fu un incubo totale. Decisi che non avrei più festeggiato in quel modo i miei compleanni. Tuttora non festeggio.»

Ne parliamo insieme, ragionando su come queste situazioni siano davvero complesse da gestire. Anche quando le famiglie sono informate e sensibilizzate sul tema, inquadrare il problema e la soluzione in modo corretto non sempre porta a sapere come agire concretamente. L'intervento diretto dei genitori, infatti, se non è ben calibrato può peggiorare la situazione. Immaginiamoci i bulli il giorno dopo a scuola: il «cocco di papà» o la «cocca di mamma» finirebbe ancor più nel mirino, andando incontro a nuove vessazioni e umiliazioni. Cambiare scuola, sebbene possa sembrare una soluzione, non sempre è fattibile, e può aggiungere stress e fatica nel doversi nuovamente inserire e adattare, con il rischio di ricreare comunque le stesse dinamiche disfunzionali. Inoltre, il gruppo classe gioca un ruolo cruciale nella costruzione del senso di identità e delle radici sociali di un ragazzo: strappare un adolescente dal suo contesto può privarlo di queste fondamentali esperienze di crescita, con il rischio di farlo sentire ancora più alienato.

Affrontare il bullismo richiede una delicatezza e una strategia che spesso sfuggono anche ai genitori più attenti e consapevoli: le soluzioni non sono mai semplici né universali, perché l'equilibrio tra proteggere e aiutare il proprio figlio e permettergli di sviluppare la propria autonomia e autostima è delicato e difficile da mantenere, soprattutto durante l'adolescenza. La paura di esacerbare il problema, infatti, può portare all'inazione, lasciando il ragazzo a gestire da solo un peso troppo grande per le sue spalle. Ma per un adolescente affrontare queste situazioni senza un supporto adeguato può essere devastante, alimentando sentimenti di isolamento e impotenza. Inoltre, la complessità delle dinamiche scolastiche e sociali rende ogni caso unico, senza una soluzione preconfezionata, perciò è inevitabile che ragazzi e genitori si trovino spesso a brancolare nel buio. Le istituzioni scolastiche, gli psicologi e i professionisti della salute mentale devono collaborare strettamente per offrire risposte efficaci e personalizzate, in modo che nessun ragazzo debba vivere queste difficoltà senza il sostegno necessario.

«Ormai avevo accettato di essere un "perdente".»

Le esperienze vissute durante l'adolescenza contribuiscono in modo significativo alla costruzione della nostra identità futura. Gianluca non mi ha detto «a quel tempo mi sentivo un perdente», bensì «avevo accettato di essere un perdente». Non sentire, ma essere. E ciò che crediamo di essere viene marchiato a fuoco dentro di noi, a un livello della nostra mente spesso profondo e difficile da raggiungere, anche per noi stessi. Quanti, influenzati da queste convinzioni, finiscono per comportarsi di conseguenza? Ricordate il fenomeno dell'impotenza appresa, descritto nel capitolo di Luca Trapanese? Eccoci di fronte a un chiaro esempio di una persona plasmata dalla convinzione di «non potercela fare». Per fortuna, a un certo punto nella vita di Gianluca è cambiato qualcosa.

«Una svolta che ritengo importante per la mia vita è legata a una mia compagna di classe, una ragazza forte, un mito. La stimavo molto. Hai presente quando gli estroversi prendono sotto la loro protezione gli introversi? Lei vedeva in me qualcosa che io non avevo mai notato, tanto che arrivava a pubblicare su Facebook le mie foto scrivendo "guardate che figo il mio amico". Non ci potevo credere!

«Verso il terzo anno siamo diventati superamici. Mi ha presentato ai ragazzi del rione, ho iniziato a frequentarli dopo la scuola e a vivere la vita della comitiva.

«Essere ascoltato da un coetaneo mi ha aiutato tantissimo ad accettarmi. Non avevo più paura di vestirmi in modo eccentrico e di essere preso in giro, ho iniziato a prendermi in giro da solo, e gli ultimi due anni di scuola sono stati molto più divertenti.

«Questa amicizia mi ha aiutato a fare squadra, a fare gruppo, a conoscere e ad aggregarmi. È uno sforzo immenso chiedere ai ragazzi di avere questa maturità, di essere aperti agli altri. Le istituzioni dovrebbero incentivare momenti di unione, non solo a scuola, ma anche nello sport, nella musica, nelle attività di gruppo.

«Grazie a quell'amicizia ho acquistato una nuova carica: Sono pronto!, ho pensato. Ho conosciuto persone nuove, ho iniziato a uscire dal rione, a frequentare il centro di Napoli, una realtà diversa da quella che conoscevo. Fuori dalla periferia mi si è aperto un mondo: pensavo di essere strano con i miei vestiti particolari, invece piazza del Gesù era un covo di persone eccentriche. Per me era una novità, un sogno.

«È proprio da questa esperienza che ho accettato di essere diverso, e a quel punto ho avuto uno scudo contro ogni presa in giro. Da lì è iniziata una nuova vita, con l'apertura del mio canale YouTube e la creazione di video che mi hanno poi portato alla mia svolta lavorativa e a ciò che faccio oggi. Ho condiviso i miei pensieri, le mie urla, perché avevo bisogno di sfogare la rabbia che sentivo dentro: da qui deriva la mia comicità, spesso urlata. Questo è stato il mio modo per raccontarmi al mondo.»

Avere accanto qualcuno che crede in noi è fondamentale per il nostro sviluppo e il nostro benessere emotivo. Queste persone, infatti, vedono e valorizzano le qualità positive che noi stessi spesso non riusciamo a riconoscere; il loro sostegno ci permette quindi di acquisire una nuova prospettiva su di noi, aiutandoci a superare insicurezze e dubbi. Quando qualcuno nutre fiducia nei nostri confronti, ci sentiamo legittimati a esplorare e a esprimere la nostra unicità senza paura di giudizi negativi. L'incoraggiamento e l'apprezzamento da parte di coetanei o mentori possono fungere da catalizzatori per il nostro sviluppo personale, rappresentando un punto di svolta decisivo nelle nostre vite.

Un altro momento cruciale per Gianluca è stato un viaggio

all'estero. Londra gli ha aperto gli occhi su un mondo ancora più variegato e inclusivo, dove sembrava che ogni persona avesse trovato il proprio posto e venisse accettata per ciò che era. Questa esperienza ha alimentato la sua passione per i viaggi, offrendogli la possibilità di esplorare nuove culture e prospettive.

Londra ha rappresentato per Gianluca non solo una finestra su un universo di diversità, ma anche un catalizzatore per il rafforzamento del suo senso di sicurezza e autenticità. Immerso in un ambiente dove l'eccentricità era celebrata, e non stigmatizzata, Gianluca ha potuto abbracciare pienamente la sua unicità. Questo viaggio ha segnato l'inizio di una nuova fase della sua vita, caratterizzata da una maggiore apertura mentale e da un desiderio incessante di scoperta, permettendogli di crescere come individuo e di consolidare quella fiducia in sé stesso che stava finalmente sviluppando.

Le esperienze di Gianluca con il bullismo hanno avuto un impatto profondo e duraturo sulla sua comicità. Trasformare il dolore in risata è diventato il suo modo di prendere il controllo della propria narrazione, riscrivendo le sue esperienze sotto una luce nuova e più positiva. Questa capacità di ridere delle proprie disavventure non solo ha contribuito a guarire le ferite emotive, ma ha anche permesso a Gianluca di connettersi con il pubblico a un livello più profondo. La sua comicità, ricca di autoironia e osservazioni taglienti, è diventata un mezzo per esorcizzare il dolore, rendendo la vulnerabilità una forza, anziché una debolezza. Questa trasformazione ha mostrato come l'umorismo possa essere un potente strumento di empowerment, capace di rielaborare le esperienze negative in modo costruttivo e liberatorio.

* * *

«La mia comicità, in un certo senso, è distruttiva: tutto ciò che è grande va abbattuto, ciò che è forte va reso debole, perché va osservato da un'altra angolazione. Sono stato abituato a essere sempre quello che gli altri vedevano da una prospettiva diversa, e col tempo l'ho accettato. È un meccanismo difensivo che si attiva da solo, perché quando ho cominciato a ridere di me stesso, del modo in cui mi vestivo e di tutto il resto, il gioco degli altri non ha più avuto il sopravvento. Ancora oggi tutto quello che faccio deve essere divertente. Un esempio? Mi sono autoescluso da LOL *ridendo alle mie stesse battute: una metafora della mia vita. Spesso sul set mi viene detto che questa è la mia forza. Il fatto che io possa divertirmi di queste cose è il rituale che rimane sempre in scena. Talvolta, i fan più attenti già lo notano e lo fanno notare. È un meccanismo che mi ha aiutato molto, perché ho cominciato a ridere di me stesso, del fatto che fossi così diverso. A un certo punto, mi è sembrato chiarissimo che il fatto di essere differente fosse una mia forza.»*

Le esperienze di bullismo e isolamento hanno certamente influenzato Gianluca, ma non lo hanno definito. Grazie alla sua capacità di affrontare le difficoltà e al sostegno di alcune persone significative incontrate lungo il suo cammino, è riuscito a trasformare il proprio dolore in una forza creativa straordinaria, diventando un esempio per molti.

La sua storia è un potente promemoria dell'importanza di parlare apertamente delle proprie difficoltà e di cercare supporto, contribuendo a rompere il ciclo dello stigma che circonda la salute mentale. Il coraggio di Gianluca nel condividere la sua vulnerabilità, anche tramite questa intervista, ci insegna che la forza non risiede nell'assenza di problemi, ma nella capacità di affrontarli e di emergere migliori. Attraverso la sua esperienza, possiamo renderci conto di quanto sia necessario il supporto di una comunità empatica, di quanto il dialogo aperto e l'accettazione siano fondamentali per il benessere mentale ed emotivo di tutti.

Oggi lo straordinario talento comico di Gianluca è ampiamente riconosciuto, così come la sua capacità unica di connettersi con il pubblico attraverso storie che sono tanto divertenti quanto profondamente umane. Ogni battuta e ogni sketch sono il risultato di un percorso di vita vissuto intensamente, pieno di sfide, difficoltà e trionfi. La sua comicità, intrisa di autoironia e di acute osservazioni sociali, riflette una profondità emotiva che risuona con gli spettatori.

A proposito di osservazioni sociali, i The Jackal e Unobravo hanno collaborato a un video commerciale e di sensibilizzazione sull'importanza di prendersi cura della propria salute mentale. L'idea è venuta proprio a Fru, grazie a un'intuizione per la quale dobbiamo ringraziare la sua fissazione di leggere tutti i commenti ai post sui social, che gli ha permesso di cogliere alcune credenze del pubblico.

«Tempo fa lessi i commenti sotto un post in cui era stato riportato l'estratto di un'intervista a un cantante, che sosteneva cose del tipo: "Da qualche anno vado in terapia, la salute mentale è importante, è fondamentale curare il proprio corpo ma lo è anche avere qualcuno con cui parlare e prendersi cura

della propria mente". Insomma, diceva quanto per lui fosse essenziale andare dallo psicologo, senza invogliare né incitare gli altri a fare lo stesso.

«I commenti sotto lo spezzone dell'intervista, postato sulla pagina di una stazione radio molto popolare, erano, per me, incredibili e terribili, perché tutti scrivevano frasi come: "La terapia è solo una moda, ora sembra che tutti siano depressi, ma andate a lavorare in fabbrica". Solo per questa sua condivisione, in cui parlava unicamente di sé stessa senza consigliare alcunché agli altri, questa persona è stata distrutta dai commenti, che insomma dicevano che andare dallo psicologo non è importante.

«Ovviamente al video con la collaborazione tra i The Jackal e Unobravo abbiamo dato un taglio comico, e mi diverte, ma è chiaro che alla base c'è un enorme problema.»

Qui il video «Se i commenti di internet fossero il mio psicologo»

Il video «Se i commenti di internet fossero il mio psicologo» esaspera ed esagera concetti a cui molti credono davvero, evidenziando come queste convinzioni possano avere gravi conseguenze sulla «libertà» di chiedere aiuto, di incoraggiare gli altri a fare lo stesso e di sviluppare una sensibilità necessaria per costruire quel senso di comunità empatica di cui ha parlato Gianluca. Nel video queste opinioni vengono capovolte, non vengono pronunciate dalle persone comuni ma da un medico, il famoso Dottor Internet dei The Jackal, per mostrare l'assurdità del loro contenuto, sperando che il video faccia capire quanto sia deleterio sminuire e ridicolizzare, e quànto sia invece importante ascoltare, mostrare empatia e sostenere.

«È proprio per la sua natura esasperata e irrealistica che fa ridere, e allo stesso tempo mostra questo fenomeno della ridicolizzazione, sottovalutazione e ignoranza circa l'importanza della salute mentale. Da creator e da paziente invito tutti a parlarne ancora di più: raccontiamo ancora di più, e non lasciamo mai che il mondo virtuale ci impedisca di veicolare messaggi umani. Anzi, ritroviamo proprio l'umanità.»

Trovo quest'ultima frase detta da Fru molto bella e allineata ai miei valori e a quelli di Unobravo. Infatti, torniamo sempre al tema centrale di questo libro: creare un mondo dove prendersi cura della propria salute mentale sia finalmente considerato normale.

Con la sua storia, Gianluca ci ricorda che riconoscere e valorizzare la nostra umanità è fondamentale per vivere una vita autentica e piena di significato. Abbiamo iniziato l'intervista parlando ironicamente della sua «felicità immotivata», ma abbiamo scoperto come dietro la sua comicità, dietro ogni risata, dietro il personaggio Fru c'è una storia di sofferenza, coraggio, determinazione e autenticità che lo ha portato a voler ridere di sé stesso, della società e della vita con grande consapevolezza. La sua, insomma, è una felicità estremamente complessa, profonda, e quindi motivata. La capacità di Gianluca di trasformare esperienze dolorose in momenti di gioia collettiva è una testimonianza della sua forza interiore e del potere redentivo dell'umorismo, e io non posso che ringraziarlo per essersi preso del tempo e per aver messo la faccia in questo progetto.

Ombre e luce: l'arte di Rose

Chi è Rosa

Rose Villain, nome d'arte di Rosa Luini, è una cantante, cantautrice e musicista italiana nota per la combinazione unica di toni oscuri e luminosi nella sua musica.

Nata nel 1989 e cresciuta a Milano, Rosa ha sviluppato fin da giovane la passione per la musica e l'arte, influenzata da artisti eclettici e da un ambiente famigliare che ne ha sempre incoraggiato la creatività. La sua infanzia è stata segnata da un'intensa curiosità per il mondo e da un forte desiderio di esprimere sé stessa, con un'innata predisposizione per l'arte e la musica. Dopo il liceo, Rosa ha deciso di ampliare i suoi orizzonti trasferendosi a New York per studiare musica e recitazione. Questa scelta ha rappresentato un punto di svolta nella sua vita, offrendole la possibilità di calarsi in una delle città più dinamiche e fertili del mondo.

Il debutto di Rose Villain sulla scena musicale è avvenuto nel 2016 con il singolo *Geisha*, che ha immediatamente catturato l'attenzione del pubblico per il suo stile distintivo e la sua capacità di accostare elementi di vari generi musicali. Da allora ha collaborato con numerosi artisti, consolidando la sua posizione nel panorama musicale italiano e internazionale. I suoi album, «Radio Gotham» e «Radio Sakura», riflettono la sua abilità nell'affrontare temi complessi come l'ansia, la depressione e la ricerca di identità.

Rosa, oltre a essere conosciuta per il suo talento musicale, è nota anche per il contributo che fornisce alla discussione sulla salute mentale e sull'importanza dell'autenticità. Utilizzando i suoi profili social, infatti, Rosa incoraggia i giovani a esprimere le proprie emozioni e a cercare aiuto, rompendo il ciclo dello stigma che circonda il sostegno psicologico e la psicoterapia.

Positivo e negativo, luce e oscurità: poli opposti che convivono in Rose Villain, o Rosa, il suo vero nome, la quale ha imparato a valorizzare tutti gli aspetti della sua personalità, integrandoli e trasformandoli in una fonte di ispirazione per la sua musica. Tale dualità è infatti diventata il motore creativo che alimenta il suo lavoro artistico, permettendole di esplorare e comunicare una vasta gamma di emozioni ed esperienze umane. È proprio la sua capacità di bilanciare e integrare questi lati che le ha permesso di scrivere canzoni che coinvolgono profondamente il pubblico, toccando corde sentimentali universali con autenticità ed empatia. Ogni canzone diventa un viaggio emotivo che offre conforto a chi si riconosce nelle sue parole e risuona con le sue melodie. L'abilità di Rose di navigare tra il buio e la luce, tra la gioia e il dolore, le consente di parlare direttamente al cuore delle persone, e di creare un legame profondo e duraturo con i suoi fan.

Rosa descrive questa complessa dinamica come una lotta interiore che ha trovato il suo sfogo nella creazione musicale. Col tempo ha scoperto che tale sensibilità particolare, spesso vissuta come un peso, è in realtà una fonte di empatia e profondità artistica. Molti artisti condividono la medesima caratteristica, che li rende in grado di percepire e riflettere le sfumature più sottili dell'esperienza umana.

«Ho sempre parlato di quest'ombra interiore, di questa inquietudine che mi accompagna fin da bambina. Col tempo, lavorando su me stessa e scoprendomi un po' di più, ho capito che non era altro che una sensibilità particolare. Credo che questa sensibilità accomuni molti artisti, rendendoci empatici e talvolta fragili. Infatti, sono convinta che diversi cantautori siano inquieti, un tratto che abbiamo in comune.»

Parlare di queste parti più oscure e malinconiche, e metterle nella musica, è diventato il modo di Rosa per sfogarsi.

* * *

«Sono una persona solare, ho una bella famiglia e molti amici, e non ho mai voluto essere un peso per loro. Non ho mai parlato con nessuno delle mie problematiche o insicurezze.»

Trascrivere le sue sensazioni su un foglio e trasformarle in canzoni le ha permesso di tirare fuori quelle emozioni spesso nascoste e di convertirle in qualcosa di bello. Fare ciò non solo l'ha aiutata a gestire le difficoltà, ma le ha anche permesso di connettersi con molte persone che condividono i suoi stessi tormenti, creando una comunità di ascoltatori.

«Questo processo mi ha connesso a molte persone che condividevano la mia sofferenza e mi ha fatto fiorire, donandomi tanta gioia.»

Come dicevamo, la capacità di trasformare il dolore in un'opera artistica è una caratteristica comune a molti autori. L'arte, infatti, diventa per loro una forma di terapia, un mezzo attraverso il quale possono esplorare ed elaborare le proprie emozioni più profonde e complesse. Tramite la creazione, l'artista trova un modo per dar voce ai propri sentimenti, ottenendo così sollievo, perché l'arte offre uno spazio sicuro dove le emozioni possono essere esplorate senza timore di giudizio, permettendo una maggiore consapevolezza e accettazione di sé. Per molti artisti, come Rose, questo atto di creazione diventa essenziale per il benessere emotivo e mentale.

Il risultato è un'opera che, oltre a essere esteticamente ed emotivamente potente, può fungere da catalizzatore per il cambiamento e la guarigione di coloro che ne fruiscono. Le canzoni di Rose, con le loro liriche intime e toccanti, offrono ai suoi ascoltatori un rifugio, un luogo dove possono riconoscere e affrontare le proprie sofferenze. In questo modo, la musica non solo esprime il dolore, ma lo trasforma, offrendo a chi ascolta la speranza e la forza per dare voce al proprio disagio e per confrontarsi con le proprie difficoltà.

«Il processo creativo è la mia terapia, anche se seguo pure un percorso terapeutico tradizionale che trovo incredibilmente utile e consiglio sempre a tutti. Tuttavia, ho anche questo sfogo artistico extra. Per me è molto semplice bilanciare la parte luminosa con quella oscura. Sono una persona ottimista e piena di speranza, cerco il lato positivo nelle cose e sono abbastanza solare. Il mio personaggio, Rose Villain, esprime invece la parte più oscura e problematica. Quindi le due parti di me, Rose Villain e Rosa, si compensano molto bene. È bello aver scisso la mia persona in due e l'aver permesso a entrambe le parti di vivere. Per me è fondamentale riconoscere che anche i sentimenti negativi, quelli considerati brutti, fanno parte del nostro essere e ci rendono umani. Con Rose Villain ho trovato il modo di apprezzare anche questi aspetti.»

ARTETERAPIA

L'arteterapia è una forma di psicoterapia espressiva che utilizza il processo creativo per migliorare il benessere fisico, mentale ed emotivo di un individuo. Questo approccio terapeutico si basa sulla premessa che l'atto di creare arte può aiutare le persone a esplorare le proprie emozioni, sviluppare consapevolezza di sé, gestire lo stress, migliorare le abilità sociali e aumentare l'autostima (Malchiodi, 2003).

Secondo Malchiodi, l'arteterapia offre uno spazio sicuro e non giudicante dove le persone possono esternare le proprie emozioni e i propri pensieri più profondi attraverso mezzi visivi. Questo può essere particolarmente utile per coloro che trovano difficile esprimersi verbalmente. McNiff (2004) sostiene che il processo creativo attivi le risorse interiori e favorisca la guarigione, permettendo agli individui di elaborare traumi e difficoltà emotive in modo più efficace. Ulteriori studi hanno dimostrato che l'arteterapia può essere un intervento utile per una varietà di condizioni, tra cui depressione, ansia, disturbo da stress post-traumatico (PTSD) e malattie croniche (Wilkinson, Chilton, 2013). Rubin (in Gussak, Rosal, 2016) evidenzia invece come l'arte possa agevolare l'espressione di sentimenti difficili da verbalizzare, creando una connessione tra mente e corpo che promuove la salute mentale e il benessere generale.

Esistono professionisti specializzati proprio in arteterapia. Questi psicologi, formati specificamente per utilizzare tecniche artistiche nei trattamenti terapeutici, lavorano in vari contesti, tra cui ospedali, scuole e studi privati (Gussak, Rosal, 2016), perché l'arteterapia non è solo un mezzo per esplorare ed esprimere le proprie emozioni, ma anche un potente strumento di guarigione e crescita personale, e questo mezzo non è riservato unicamente agli artisti professionisti. Il processo creativo permette a tutti gli individui di trasformare il dolore in arte, offrendo sollievo emotivo e promuovendo una maggiore consapevolezza di sé e delle proprie capacità di affrontare le difficoltà della vita (Gussak, Rosal, 2016).

In questo libro abbiamo visto e vedremo come artisti affermati trovino nella creatività una forma di terapia: Gianluca con la sua comicità, Rosa – e anche Lauro, di cui parleremo – con la musica. Ma cosa possiamo usare noi persone «comuni» come strumento terapeutico artistico? L'arteterapia appena descritta offre potenzialmente benefici straordinari, tuttavia vi è una forma d'arte molto potente e ancora più accessibile: la scrittura espressiva.

SCRITTURA ESPRESSIVA

La scrittura espressiva, resa celebre dal lavoro di James Pennebaker, è una tecnica terapeutica che incoraggia le persone a esternare liberamente i propri pensieri e sentimenti su carta. Pennebaker e Beall (1986) hanno dimostrato che scrivere di esperienze significative a livello emotivo può condurre a miglioramenti notevoli nel benessere psicologico e fisico. Attraverso la scrittura, infatti, si possono esplorare e rielaborare emozioni complesse, e ciò porta a una maggiore consapevolezza di sé, facilitando il processo di guarigione emotiva (Pennebaker, 1997).

La tecnica della scrittura espressiva, in particolare, consiste nel dedicare un breve periodo di tempo – di solito una ventina di minuti al giorno per alcuni giorni consecutivi – a scrivere di getto di eventi traumatici o stressanti, senza preoccuparsi della grammatica o della struttura del testo (Pennebaker, 1990). Questo metodo offre diversi benefici: permette di dare un senso alle esperienze difficili, aiutando a integrare le emozioni nel proprio percorso di vita; consente di ridurre il carico emotivo associato a eventi stressanti, rendendo più gestibili le sensazioni negative e facilitando una prospettiva più equilibrata (Pennebaker, 1997); può migliorare la funzione immunitaria, limitare i sintomi di depressione e ansia e promuovere una maggiore resilienza emotiva (Pennebaker, Beall, 1986).

La scrittura espressiva non richiede competenze particolari, e può essere praticata ovunque e in qualsiasi momento. Ricordate, per esempio, il famoso diario segreto? In base a come lo si usa, può essere una forma di scrittura espressiva. Questo la rende uno strumento accessibile a chiunque desideri esplorare e comprendere meglio le proprie emozioni; è un approccio che può essere utile in particolare a coloro che trovano difficile esprimere verbalmente i propri sentimenti, poiché offre una valvola di sfogo sicura e privata.

Incorporare la scrittura espressiva nella propria routine quotidiana può anche diventare un potente mezzo di autoriflessione e crescita personale. Molti terapeuti consigliano questa tecnica come complemento ad altre forme di terapia, riconoscendo il suo valore nel promuovere il benessere emotivo e mentale.

Inoltre, la scrittura espressiva può facilitare la comunicazione con gli altri, perché quando si scrivono i propri pensieri e sentimenti si diventa più consapevoli delle proprie emozioni, il che può aiutare a esprimersi in modo più chiaro e autentico nelle relazioni interpersonali. Questa chiarezza emotiva può migliorare la qualità dei rapporti sociali, creando una maggiore intimità e comprensione reciproca.

La scrittura espressiva rappresenta quindi una forma accessibile e potente di autoterapia a tutto tondo, capace di apportare benefici significativi al benessere psicologico e fisico. Che si tratti di elaborare traumi passati, di gestire lo stress quotidiano o semplicemente di riflettere su di sé, dedicare del tempo alla scrittura può essere un passo fondamentale verso una maggiore salute mentale e una vita più equilibrata e soddisfacente.

La scrittura, in questo caso di testi musicali, è stata particolarmente terapeutica per Rosa nel momento in cui ha perso sua madre, un evento che lei stessa ha descritto come molto significativo per la sua vita e la sua maturazione emotiva e artistica. Questo dolore lacerante ha trovato una via di sfogo attraverso la scrittura di canzoni, che le ha permesso di elaborare il lutto in modo autentico e toccante. Trasformare il dolore in musica le ha consentito di esplorare e comprendere le sue emozioni più profonde, e di creare opere che non solo riflettono la sua vulnerabilità, ma che risuonano anche in chi ha vissuto esperienze simili. Questa elaborazione artistica della morte, oltre ad arricchire la sua produzione musicale, fornisce un esempio tangibile di come l'arte possa essere un potente strumento di guarigione e crescita personale.

«Quando mia mamma se n'è andata, la mia vita è cambiata totalmente, non solo dal punto di vista creativo. La perdita e la sofferenza acuta, secondo me, o ti lasciano in un pozzo profondo o ti danno la grinta per risalire. Da quel momento ho imparato ad apprezzare le piccole gioie della vita e ho iniziato a vedere il mondo con occhi nuovi. Questo mi ha salvata, perché prima che mancasse mia mamma ero una persona molto oscura e negativa. Ora le piccole difficoltà quotidiane che sembravano insormontabili sono diventate effimere. Ho imparato ad apprezzare davvero tutto, da un bel tramonto a un fiore, fino alle fusa di un gatto. Il dolore, quando si tocca il fondo, può anche diventare una spinta positiva. Creativamente mi ha dato la forza di affrontare ogni cosa: ogni palco e ogni difficoltà mi sembrano nulla rispetto a ciò che ho vissuto con quella sofferenza.

«Monet *è un brano che parla del lutto per mia mamma. Non avrei mai pensato di riuscire a comporre una canzone su questa perdita, soprattutto nel momento più acuto del dolore. Trovare il coraggio di scrivere, cantare ed esprimere quei sentimenti è stato difficile, eppure necessario. Ho scritto* Monet *il giorno in cui ho iniziato la terapia. Quella sera, dopo la sessione, è nata la canzone, ed è stata un'esperienza incredibile, forse la più significativa della mia vita creativa. È stato molto doloroso ma anche liberatorio, e ne sono molto fiera.*

«Da quando ho scritto Monet *e ho iniziato la terapia, riesco a parlare tranquillamente di mia mamma e della sua morte.*

Non posso dire di aver superato il dolore, perché non si può farlo veramente, però ho imparato ad accettarlo un po' di più.»

ELABORAZIONE DEL LUTTO

L'elaborazione del lutto è un processo complesso che coinvolge una serie di reazioni emotive, fisiche e comportamentali in risposta alla perdita di una persona cara. Elisabeth Kübler-Ross (2000) ha descritto cinque fasi del lutto: negazione, rabbia, contrattazione, depressione e accettazione. Queste fasi non procedono in modo lineare, una dopo l'altra, e possono variare significativamente da persona a persona, riflettendo la natura unica del dolore individuale.

Secondo Worden (2009), l'elaborazione del lutto comporta quattro compiti principali: accettare la realtà della perdita, fare esperienza del dolore del lutto, adattarsi all'ambiente dove non c'è più la persona deceduta e stabilire una connessione duratura con il defunto, pur continuando con la propria vita. Questi meccanismi aiutano l'individuo a integrare la perdita nella propria esistenza e a sviluppare nuove abitudini e relazioni.

La ricerca di Stroebe e Schut (1999) ha poi introdotto il modello del «dual process», secondo il quale le persone oscillano tra due tipi di attività durante il lutto: l'abbandonarsi alla sofferenza e il rifuggirla, cercando di ripristinare l'equilibrio nella propria vita. Questo modello riconosce che il processo di lutto non è statico, ma dinamico, e che le persone hanno la necessità di affrontare il dolore mentre si adattano gradualmente alla loro nuova realtà.

Un approccio importante che può facilitare l'elaborazione del lutto è quello della scrittura espressiva di Pennebaker e Beall (1986), mentre la terapia del lutto mira a fornire supporto durante le varie fasi del lutto, aiutando l'individuo a trovare modi sani per affrontare e integrare la perdita nella propria vita insieme a un professionista.

L'elaborazione del lutto è un percorso profondamente personale e variegato, che richiede tempo e supporto. Attraverso una combinazione di modelli teorici e tecniche pratiche, le persone possono trovare modi efficaci per andare oltre il dolore e ricostruire le loro vite in seguito a una perdita significativa.

Purtroppo Rosa non ha dovuto affrontare solo il lutto di sua madre, ma anche quello di amici e parenti, alcuni dei quali erano ancora giovani e avevano davanti a sé un futuro promettente. La frequenza e l'intensità di queste esperienze hanno segnato profondamente la sua esistenza, influenzando il suo modo di vedere il mondo e la sua capacità di fronteggiare le difficoltà. La morte, con la sua inesorabile presenza, è diventata una costante nella vita di Rosa, costringendola a confrontarsi più volte con il dolore e la perdita; tuttavia, questi episodi l'hanno anche spinta a trovare modi per continuare a vivere, a coltivare il benessere personale e a cercare di trasformare la sofferenza in una fonte di forza e resilienza.

«Penso che il dolore per la perdita di una persona cara non scompaia mai del tutto. Io non ho perso solo mia mamma, ma

anche tante altre persone care nel corso della mia vita. La mia esistenza è stata scandita da numerosi lutti, persino di persone molto giovani e a me vicinissime. La morte è sempre stata una presenza costante nella mia vita. Tuttavia, ho capito che stando vicino agli altri e prendendosi cura di sé, si può trovare un po' di conforto.

«Ogni giorno cerco di fare qualcosa per rendermi felice, che sia mangiare un cioccolatino, guardare un film o ascoltare una canzone. È importante dedicare del tempo a sé stessi, amarsi e amare gli altri. Non è facile, anzi, è molto difficile, però ho compreso che la sofferenza è parte della vita. Solo apprezzando quello che può nascere dalla sofferenza si può superare il dolore e l'assenza di qualcuno che si amava.

«Non credo che il dolore possa mai sparire del tutto, ma sono convinta che possa diventare una parte significativa della propria vita. La sofferenza deriva dall'amore, quindi la sua stessa esistenza è una forma di amore. E l'amore, in qualsiasi forma, non può che essere una cosa bella.»

Come affrontare, quindi, il dolore per la perdita di qualcuno? Rosa ci invita a prenderci cura di noi stessi, a coccolarci e a trovare piccoli momenti di felicità quotidiana. Sottolinea l'importanza di dedicare del tempo a sé stessi, soprattutto quando la tristezza sembra schiacciarci e abbiamo un bisogno maggiore di serenità. Suggerisce di cercare conforto nelle cose che ci fanno stare bene, gesti semplici che possono sembrare insignificanti ma che, sommati nel tempo, aiutano a costruire un supporto emotivo che ci sostiene nei periodi difficili.

La cura di sé non è solo un atto di indulgenza, ma anche

un elemento fondamentale per affrontare il dolore. Permette di recuperare le energie, di riflettere sulle proprie emozioni e di trovare un equilibrio interiore. Rosa ci ricorda che amarsi e amare gli altri sono pratiche essenziali per superare la sofferenza, e che è importante riconoscere e accettare il dolore come parte integrante della vita. Solo apprezzando ciò che può nascere dal buio della perdita possiamo veramente superare l'assenza di chi abbiamo amato. Questa accettazione non significa arrendersi al dolore, quanto piuttosto trasformarlo in un'opportunità per crescere e trovare nuovi modi di essere felici. La sofferenza, se affrontata con consapevolezza e amore per sé stessi, può diventare una fonte di forza e resilienza, permettendoci di vivere una vita più piena e significativa nonostante le perdite subite.

Altre due tematiche sono state fondamentali nel percorso di rinascita di Rosa: relazioni e terapia. Per quanto riguarda la prima, nella nostra intervista ha raccontato in particolare della sua relazione con Andy, suo marito e produttore. Rosa descrive il loro legame come una «relazione terapeutica». Questo non significa che sia sempre tutto perfetto; è una sfida continua amarsi, lavorare insieme e condividere la vita con i suoi alti e bassi. Tuttavia, Rosa e Andy hanno trovato la loro formula per farcela, basata su un profondo rispetto reciproco, una comunicazione aperta e una grande capacità di sostenersi a vicenda nei momenti di difficoltà.

La loro relazione dimostra quanto sia cruciale avere accanto qualcuno che ci comprenda profondamente e che condivida con noi sia i successi sia le lotte quotidiane. Andy è stato una figura di supporto costante per Rosa, non solo come partner ma anche come collaboratore artistico. Questa dinamica ha permesso a entrambi di crescere insieme, trasformando le difficoltà in opportunità per rafforzare il loro legame e la loro creatività.

«Non è sempre facile, però il nostro amore e la nostra passione per ciò che facciamo ci aiutano a superare gli ostacoli.

«Sia io sia lui siamo vittime di ansia, stress e frustrazione, il che rende le cose non facili, a volte. Ci sono periodi in cui entrambi attraversiamo brutti momenti e siamo sopraffatti dall'ansia, e non sempre sappiamo come supportarci a vicenda. È capitato spesso che ci dicessimo: "Amore, non so come aiutarti, sto male anch'io". Tuttavia, credo che l'accettazione di questi sentimenti e il desiderio di restare uniti anche nei momenti difficili siano la soluzione. Pure quando stiamo male vogliamo rimanere nella stessa stanza, sfiorarci, cercare conforto l'uno nell'altro.»

Rosa mi ha raccontato che quando lei e Andy si trovano in studio non sono più semplicemente marito e moglie, ma diventano due colleghi di lavoro alquanto esigenti. La transizione dai ruoli personali a quelli professionali non è sempre facile; a volte emergono incomprensioni, tuttavia queste derivano dal fatto che entrambi chiedono molto l'uno all'altra, consapevoli delle loro capacità e del loro valore. Rosa mi ha spiegato che la pigrizia non è ammessa e che vogliono sempre dare il massimo, spingendosi a vicenda a superare i propri limiti.

Questa dinamica può portare a tensioni, ma anche a una straordinaria sinergia creativa. Le sessioni di lavoro sono intense e produttive, e ogni piccolo traguardo raggiunto insieme diventa una celebrazione. Rosa descrive con entusiasmo come condividere un successo sia incredibile per loro, e renda tutto il duro lavoro davvero gratificante. L'orgoglio e la gioia che provano nel vedere il frutto delle loro fatiche sono impagabili, e ciò fortifica ulteriormente il loro legame, sia sul piano professionale sia su quello personale.

Questa capacità di trasformare le sfide in opportunità di crescita e di rafforzare la loro unione lavorando insieme è una testimonianza della loro dedizione e passione. Rosa mi ha fatto capire che, sebbene il percorso sia impegnativo, il risultato è una relazione arricchita e una produzione artistica che riflette la loro profonda connessione e il loro impegno reciproco.

«La terapia è stata davvero una svolta. Inizialmente ero un po' scettica, per una sorta di stupido pregiudizio che non so neanche da dove venisse. Forse perché c'è sempre stato uno stigma attorno a essa, soprattutto negli anni in cui sono cresciuta. Per esempio, si diceva che chi andava in terapia fosse un po' pazzo. Ma poi ho notato i benefici che ha arrecato alle persone intorno a me, soprattutto quelle che stavano affrontando momenti difficili. Ho osservato davvero cambiamenti, trasformazioni profonde, in particolare in Andy. È stato il primo che ho visto fare terapia da vicino, e ciò lo ha trasformato in una persona diversa. Adesso sto facendo terapia con l'EMDR (Eye Movement Desensitization and Reprocessing), che mi piace molto, per l'elaborazione dei traumi. È un regalo che mi faccio, lo consiglio a tutti. Non dovrebbe essere visto come un tabù o qualcosa per chi ha problemi gravi, ma come uno strumento per scoprire sé stessi e affrontare la vita, che è piena di ostacoli. È una follia non farlo!»

* * *

Rosa è una fervente sostenitrice della terapia e ne parla spesso con entusiasmo, anche senza essere sollecitata. Quando si sperimenta un profondo senso di gratitudine verso il proprio terapeuta, o verso la terapia stessa, è naturale voler condividere i benefici che ne sono derivati. La terapia ha rappresentato per Rosa un vero e proprio punto di svolta, permettendole di affrontare e superare le sue difficoltà emotive e personali.

Oggi la percezione della terapia sta cambiando, come anche Rosa sottolinea, rispetto allo stigma che un tempo la circondava; tuttavia, ci sono ancora persone che ne minimizzano il valore, considerandola una «moda» contemporanea. Spesso chi non ha mai sperimentato una terapia di successo tende a sminuirla, dicendo che se ne parla tanto solo perché è diventata popolare. In realtà, il motivo per cui oggi si discute di salute mentale e terapia psicologica in modo più aperto è perché ci sono meno vergogna nel farlo e un crescente desiderio di invitare gli altri a beneficiarne.

Rosa insiste sul fatto che consigliare la terapia derivi dalla consapevolezza di quanto essa possa migliorare la vita. Condividere le proprie esperienze positive è utile per rompere lo stigma e incoraggiare chiunque stia lottando con problemi di salute mentale a cercare aiuto. Il crescente dialogo sulla terapia non è una moda passeggera, bensì il riflesso di una società che sta imparando a valorizzare il benessere mentale e a riconoscere l'importanza di prendersi cura di sé stessi.

* * *

«Chi non ha problemi? Secondo me è fondamentale parlarne senza vergogna. È giusto che anche i genitori che stanno seguendo un percorso terapeutico ne parlino apertamente con i figli; e lo stesso vale per gli artisti con i loro fan. Dovrebbe essere semplice discutere della propria vulnerabilità. Questa normalizzazione è essenziale, e vedo con piacere che molti personaggi influenti lo ammettono senza problemi. Siamo sulla buona strada.

«Penso che il motivo per cui tanta gente non va in terapia stia nel fatto che spesso viene spiegata male, magari già dai genitori, come se fosse qualcosa per persone deboli. Si pensa che avere difficoltà o essere sensibili sia segno di debolezza. In realtà, noto che i ragazzi credono sempre meno in questi stereotipi di virilità. Molti di loro parlano liberamente della propria salute mentale e c'è meno stigma. È una questione di educazione. Oggi vedo una maggiore apertura su questo fronte, anche nel rap. Molti rapper stanno affrontando temi come l'ansia, ed è cruciale che ci siano modelli giovanili che mostrino sensibilità e fragilità, senza vergognarsene. Questo è ciò che conta, secondo me, e sta già accadendo.»

«Radio Gotham» e «Radio Sakura», gli album pubblicati da Rose, riflettono appieno la sua missione artistica e personale. Attraverso le sue canzoni, Rose desidera affrontare temi cruciali, come l'ansia, la depressione e altri problemi significativi, cercando di normalizzare la sofferenza umana. Per lei è fondamentale che sia chiaro che anche una persona di successo può attraversare momenti di difficoltà e chiedere aiuto senza vergogna. La sua musica diventa così un veicolo per raccontare storie di cuori spezzati, parole feroci, esperienze di bullismo e il sentimento di diversità e non accettazione.

«Quando parlo di questi argomenti nella mia musica, so che qualcun altro ha vissuto le stesse cose. Forse non lo sapevo prima, ma adesso lo so, e questo mi fa sentire meno sola. E so che qualcun altro si sente meno solo, perché tanti di noi hanno avuto questi problemi. La connessione che si crea attraverso la sofferenza è incredibilmente potente. Nel momento in cui la musica affronta temi come l'ansia, la depressione e le difficoltà della vita, riesce a unire coloro che vivono queste esperienze, permettendo loro di sostenersi a vicenda.»

Rosa crede che tutti debbano sentirsi liberi di ammettere di non stare bene e di cercare il supporto necessario. Le sue canzoni trattano questi temi con una sincerità disarmante, offrendo a chi le ascolta la possibilità di riconoscersi nelle sue storie e di sentirsi meno solo nelle proprie battaglie quotidiane. Attraverso la sua arte, Rose non solo espone le sue vulnerabilità, ma invita anche gli ascoltatori a fare lo stesso, promuovendo un dialogo aperto sulla salute mentale.

La soluzione che Rose propone attraverso la sua musica è duplice: terapia e amore per sé stessi e per gli altri; e spera che, attraverso le sue canzoni, le persone possano trovare il coraggio di affrontare i propri demoni e di costruire un mondo migliore, dove la vulnerabilità sia vista come una forza, non come una debolezza.

* * *

«Se potessi dare un consiglio a qualcuno che sta affrontando problemi di salute mentale, gli direi sicuramente che c'è una via d'uscita. Bisogna convincersi che è possibile venirne fuori, poiché ci sono mille modi, anche se è difficile. Non bisogna avere paura di chiedere aiuto, mai, mai, mai. È importante anche tendere la mano agli altri, perché quando si scopre che ci sono persone con problemi simili ci si sente meno soli. È fondamentale sapere che altri stanno passando momenti difficili come noi. Dobbiamo essere aperti alla connessione, aprirci al prossimo, anche se può spaventare. Questo è ciò che vorrei dire.»

In un'epoca in cui la pressione per apparire sempre felici e realizzati è altissima, la musica di Rose offre un antidoto prezioso: l'accettazione di sé, con tutte le proprie imperfezioni. Le sue canzoni sono un invito a riconoscere e ad abbracciare le proprie emozioni, trasformando il dolore in crescita e il disagio in comprensione e solidarietà. Con la sua arte, Rose Villain ci ricorda che chiedere aiuto non solo è normale, ma è anche necessario per vivere una vita piena e autentica.

La storia che ci ha raccontato questa persona e artista straordinaria ci insegna che la forza non risiede nell'assenza di difficoltà, bensì nella capacità e nella scelta di affrontarle. Attraverso la sua musica, la sua terapia e le sue relazioni significative, Rosa è riuscita a trasformare il dolore in una potente fonte di ispirazione e crescita personale. La sua riflessione ci invita a soffermarci sull'importanza di accettare le nostre vulnerabilità, di cercare aiuto quando ne abbiamo bisogno e di coltivare rapporti umani che ci sostengano nel nostro cammino. Solo così possiamo sperare di vivere una vita autentica e piena, dove la sofferenza non sia un nemico da temere, ma una parte integrante del nostro viaggio verso la felicità e l'autorealizzazione.

Il viaggio di Lauro, dalla periferia alle stelle

Chi è Lauro

Achille Lauro, nome d'arte di Lauro De Marinis, è un cantautore, rapper e produttore musicale italiano. Nato l'11 luglio 1990 a Verona, ma cresciuto nella periferia romana, ha avuto un'infanzia e un'adolescenza complicate. All'età di tredici anni i suoi genitori si trasferiscono in un'altra città, e lui va a vivere in una comune insieme al fratello maggiore. In un contesto famigliare e sociale difficile, Lauro sviluppa la sua passione per la musica, trovando nella creatività una forma di espressione e di riscatto personale.

Lauro ha iniziato la sua carriera musicale nel 2012 con l'uscita di «Barabba Mixtape», ma la svolta è arrivata nel 2019 con l'album «1969», che ha consolidato la sua posizione nel panorama musicale italiano. Il suo stile è caratterizzato da una fusione di generi musicali che vanno dal rap al rock, dal pop alla musica elettronica.

Achille Lauro è noto per la sua personalità eclettica e per il suo approccio innovativo alla musica e all'arte. Ha partecipato a numerosi festival e programmi televisivi, tra cui diverse edizioni di Sanremo, dove ha sempre lasciato un'impronta significativa, con performance scenografiche e provocatorie.

Oltre alla musica, Lauro è impegnato in progetti di mentoring e supporto per i giovani, con l'obiettivo di spronarli a seguire le proprie passioni e a sviluppare una visione positiva del futuro. Ha molto a cuore il tema della salute mentale, e utilizza la sua visibilità per promuovere il benessere psicologico e combattere lo stigma associato al sostegno psicologico e alla psicoterapia.

Il suo percorso di vita, segnato da sfide e successi, lo rende un esempio di come la determinazione possa portare a una crescita personale e a un riscatto nonostante una partenza svantaggiata.

Che cosa significa crescere in un ambiente complicato e trasformare quel dolore in un'arte che ispira milioni di persone? Achille Lauro, con la musica e una personalità audace, ha saputo convertire le difficoltà della sua infanzia e adolescenza in una forza creativa che non solo racconta la sua storia, ma dà anche voce a chi vive situazioni simili.

In passato, Lauro si è definito «un ragazzo normale, un miracolato, un pessimo esempio». Oggi, invece, mi risponde di sentirsi «un ragazzo normale che ha capito l'importanza di vivere per qualcosa, per uno scopo, qualunque esso sia». Lauro riflette su come non sia affatto scontato sapere ciò che ci piace fare, e si sente molto fortunato per aver trovato una passione così grande che è riuscito anche a far diventare il suo lavoro. È fermamente convinto che solo amando ciò che si fa si possa mettere in un progetto, qualunque esso sia, tutto l'impegno necessario per realizzarlo al meglio ed esserne soddisfatti.

«Il successo nasce dall'amore infinito per ciò che si fa. Ho seguito il mio cuore. Fare quello che amo mi permette di svegliarmi prima degli altri e di andare a letto per ultimo senza avvertire la fatica. Per questo mi sento ancora un miracolato, perché ho avuto la fortuna di capire che cosa amassi davvero, e anche quella di avere un esempio sano come mia madre, che mi ha insegnato che cosa fosse il bene: dare, ricevere, preoccuparsi per gli altri. Grazie a questo, oggi sono orgoglioso di essere un modello positivo. Ho deciso di dedicare parte del mio tempo ai ragazzi – tramite confronto, mentoring, supporto psicologico –, cosicché possa aiutarli a vedere in modo ottimistico il futuro. Agli sbagli che ho fatto devo tanto, e dalla vita che ho vissuto ho capito quale vita non avrei voluto vivere.»

Il percorso di Lauro dimostra che è possibile trovare uno scopo e una direzione, anche quando tutto sembra perduto. Lui stesso era il primo a non crederci affatto, quando a tredici anni è andato via di casa, o prima ancora, quando la distanza con suo padre diventava sempre maggiore, o dopo, quando intorno a sé aveva pessimi esempi, che avrebbero potuto portarlo in una direzione molto diversa. In fondo lo sappiamo: chi ci circonda spesso influenza ciò che diventiamo, nel bene e nel male.

Crescere in un ambiente difficile ha segnato profondamente Lauro. Dopo la separazione dei genitori è rimasto con la madre, mentre il padre era sempre più distante e assente, e ciò ha lasciato un vuoto profondo in un giovane che ancora aveva bisogno di riferimenti, oltre a sentimenti di rabbia, frustrazione e solitudine. La madre, sebbene presente, lottava per mantenere la famiglia, mentre la figura paterna diventava man mano un ricordo sbiadito, aggiungendo pesanti problematicità nella vita di Lauro.

SINDROME DELL'ABBANDONO

La sindrome dell'abbandono è un concetto psicologico che descrive l'insieme di sintomi e comportamenti derivanti dall'assenza di supporto fisico ed emotivo da parte delle figure di attaccamento primarie, come i genitori ma non solo, soprattutto durante i periodi critici dello sviluppo. Questo fenomeno può manifestarsi in molteplici forme, tra cui l'abbandono fisico, quando la figura educativa di riferimento è assente dalla vita del bambino, e l'abbandono emotivo, quando il genitore è presente fisicamente ma incapace di fornire il necessario supporto emotivo.

La sindrome dell'abbandono può avere effetti profondi e duraturi sulla psiche di un individuo: i bambini che la sperimentano possono sviluppare disturbi dell'attaccamento, caratterizzati da difficoltà nel formare relazioni sane e sicure in età adulta (Ainsworth, 1989). Il senso di insicurezza e instabilità derivante dall'abbandono può portare anche a problematiche come ansia, depressione e bassa autostima (Bowlby, 1980). Un esempio tipico di abbandono genitoriale è il caso di un genitore che, a causa di dipendenze o problemi personali, non riesca a fornire il necessario sostegno emotivo al proprio figlio. Questo scenario può provocare un senso di rifiuto e indegnità nel bambino, influenzando negativamente la sua autopercezione e la capacità di fidarsi degli altri. Inoltre, vari studi hanno dimostrato che l'abbandono durante l'infanzia può generare comportamenti autodistruttivi e disfunzionali, come l'abuso di sostanze nocive e la difficoltà a mantenere relazioni stabili (Cicchetti, Toth, 1995).

In sintesi, la sindrome dell'abbandono rappresenta una delle esperienze più traumatiche per un bambino, con ripercussioni significative sulla sua salute mentale e sul suo sviluppo emotivo. È fondamentale che le figure di attaccamento forniscano un ambiente sicuro e amorevole per prevenire questi effetti deleteri (Bowlby, 1980; Cicchetti, Toth, 1995).

La sindrome dell'abbandono ci aiuta a comprendere l'impatto psicologico che la mancanza della presenza e del supporto genitoriale può avere su un individuo. Nel caso di Lauro, l'abbandono emotivo e fisico da parte del padre ha lasciato cicatrici profonde nella sua psiche. La sua adolescenza è stata segnata da un senso di insicurezza e di indegnità, che lo ha portato a cercare rifugio tra persone che, come lui, si sentivano smarrite e abbandonate. Questo vuoto affettivo ha alimentato in Lauro una rabbia e una frustrazione profonde, che hanno poi influenzato il suo comportamento e le sue scelte di vita.

Dopo un po' Lauro è andato a vivere da solo con il fratello, trovandosi presto immerso in un contesto in cui i cattivi esempi erano più di quelli buoni. Passava molto tempo per strada, circondato da persone coinvolte in attività illecite, dove la criminalità e l'uso di droghe erano all'ordine del giorno. In un ambiente così difficile, ogni giorno era una lotta per non cedere alle tentazioni.

Nonostante tutto, Lauro ha trovato un sostegno nel fratello maggiore. Insieme cercavano di sopravvivere alle difficoltà quotidiane, rafforzando un legame che sarebbe diventato una delle poche costanti nella sua vita turbolenta. Sognavano un futuro diverso, ma le opportunità, in un ambiente che forniva scarse occasioni di riscatto e molte di cadere in comportamenti autodistruttivi, sembravano sempre fuori portata. Le strade di quella periferia romana, con la loro durezza, offrivano poche vie di fuga e ancor meno speranze per un futuro differente. In un contesto simile, a Lauro restavano poche alternative oltre alla rassegnazione o alla ribellione. Una trappola pronta a risucchiarlo in un vortice senza via d'uscita. «Ero solo un ragazzino, spaventato e arrabbiato» ricorda.

* * *

«Le persone intorno a me non facevano altro che peggiorare le cose. Era difficile vedere una luce in fondo al tunnel.

«Mi sono allontanato dalla mia famiglia a circa tredici anni. Ero sempre stato un ragazzo brillante a scuola e con tanta curiosità, ma ho smesso presto di frequentarla. L'ambiente che mi circondava era un disastro: dalla scuola stessa alla famiglia, alle persone che incontravo nel parchetto dove si ritrovava la mia comitiva.

«Nei quartieri complessi ci sono brave persone, gente che riesce a ribaltare il proprio destino, famiglie oneste che si danno da fare per vivere una vita degna, ma purtroppo ci si scontra anche con la dura realtà: nuclei famigliari con difficoltà economiche, livello culturale basso, disonestà, vizi, e tutte le rovine dell'uomo. Io e mio fratello abbiamo iniziato a essere contaminati dall'ambiente in cui ci trovavamo.

«La quotidianità era difficile da organizzare da soli, a partire dalle cose più basilari: cucinare, tenere in ordine la casa, lavare e stirare i vestiti, figuriamoci studiare o immaginarsi un futuro. La casa anni Settanta, vecchia e fatiscente, e la lontananza da mia madre alimentavano un senso di inadeguatezza interiore, un disagio con cui ho dovuto fare i conti e che forse è la mia più grande ricchezza artistica.

«Abbiamo vissuto una vita svegli fino all'alba, in giro, in casa, a provare a noi stessi quanto fossimo resistenti, testandoci ogni notte, superando qualunque tipo di limite solo perché in fondo era il nostro inconsapevole, stupido modo di esistere. I comportamenti distruttivi sono solo la conseguenza di non avere un posto nel mondo. Fino al giorno in cui le mancanze adolescenziali non diventano dipendenze, burroni emotivi, o irrimediabili tragedie.»

* * *

Senza esempi sani e positivi da seguire, Lauro ha dovuto attraversare le complessità dell'adolescenza da solo, circondato da altri ragazzi nella sua stessa condizione, cercando di trovare la propria strada in un mondo che sembrava offrirgli unicamente ostacoli. Privo di una guida stabile, la sua era una continua corsa per evitare le trappole del contesto in cui viveva, traendo forza dalla propria determinazione a non soccombere alle circostanze. La sua vita ruotava attorno alle ore vuote passate nei parchi e in strada, dove provava a ritagliarsi un'identità in un mondo che non gli offriva un futuro. La mancanza di supporto famigliare, infatti, lo spingeva a cercare punti di riferimento in persone che, purtroppo, non avevano le risorse o l'intenzione di guidarlo verso un percorso positivo.

«Roma è una città chiaramente complessa perché è una metropoli, e le periferie sono abbandonate, ovvero mal gestite. La zona dove sono cresciuto, per esempio, è piena di piazze di spaccio, con attività che avvengono alla luce del sole. Interi quartieri sono sotto il controllo degli spacciatori. Tutti sanno come funziona: si può entrare solo da una strada, e gli abitanti locali spesso difendono l'organizzazione, perché questa riesce anche a dare lavoro. È una realtà non facile e abbastanza compromessa, però c'è anche tanta brava gente. Purtroppo ci sono pure persone pericolose, molte delle quali pluripregiudicate, tossicodipendenti e che si vantano di usare la violenza. Ricordo che parlavano delle donne e della violenza in un certo modo, e questo influenzava i ragazzi più giovani. Non è solo una questione di reati, ma anche

di mentalità: se cresci in un ambiente dove ogni giorno hai a che fare con cinquantenni che usano droghe e spacciano, questo ha un impatto su di te. Erano prepotenti ed egoisti. Crescendo in quell'ambiente subisci dei traumi e, o ti adatti a quella vita, o diventi vittima delle circostanze.

«I ragazzi più grandi erano i nostri punti di riferimento: se avevamo dei problemi, parlavamo con loro. Erano i nostri confidenti, i nostri esempi. La nostra educazione veniva da loro, ci crescevamo tra di noi.

«Anche se non ti adatti completamente e non diventi come loro, finisci per avere comunque a che fare con quel mondo, normalizzando tutto. Questo è il grande problema che abbiamo vissuto: molti di noi hanno pensato che non ci fosse niente di male in tutto ciò, perdendo il senso del limite, di ciò che è giusto e di ciò che è sbagliato. C'era solo l'idealizzazione, perché quelle persone per noi erano dei miti. Se metti un piede dentro e non ti fermi, normalizzi tutto. Passi facilmente dal vendere 20 euro di fumo al vendere cocaina. In un posto dove le attività illecite danno da vivere alle persone, i miei amici facevano da pali per le organizzazioni criminali; guadagnavano 1.500 euro a settimana, facendo due turni in strada di otto ore.

«Oggi non vedo più la "figata" che vedevo da ragazzino, quando desideravo diventare come loro. Oggi conosco le conseguenze, avendole vissute sulla mia pelle.»

La rottura con la figura paterna, che avrebbe dovuto essere per lui un pilastro e una guida, e offrirgli sicurezza, e l'isolamento famigliare hanno lasciato in Lauro una ferita profonda in un momento della vita, l'adolescenza, particolarmente delicato. La mancanza di supporto e comprensione in un periodo così critico della crescita lo ha spinto a cercare rifugio altrove, tra persone meno assenti ma «sbagliate». «Non avevo un esempio positivo da seguire» ammette. «Era come se fossi alla deriva, senza un punto di riferimento.» Questo senso di smarrimento e la ricerca disperata di appartenenza lo hanno portato spesso a prendere decisioni dettate più dalla necessità di sopravvivenza che dalla logica, ritrovandosi a cercare modelli sostitutivi nei ragazzi più grandi che incontrava per strada, figure che spesso incitavano alla violenza e al crimine come mezzi per ottenere rispetto e potere.

«Sono cresciuto con punti di riferimento sbagliati e un'idea di "uomo" deviata e alienante, che non lasciava la possibilità di essere fragili. "Piangere è da frocio", "Fai l'uomo", dicevano. Consideravano la donna come un oggetto, pensavano che amare fosse da deboli. Io e i miei amici siamo stati fuorviati da questo, nei comportamenti che abbiamo assunto, nelle scelte che abbiamo fatto, nelle stronzate adolescenziali che hanno portato solo a gravi ripercussioni.

«Ai genitori direi: lasciate esprimere i vostri figli, lavorate sulla loro individualità, spingeteli ad amare e a inseguire i loro grandi amori. Non deve essere facile essere genitori, ma credo che bisognerebbe educare all'amore, amando.»

Abbiamo già esplorato alcune sfide dell'adolescenza in vari capitoli di questo libro, e torniamo a parlarne anche qui. Ma perché questo periodo della vita è così cruciale?

ADOLESCENZA

L'adolescenza è una fase critica dello sviluppo umano, caratterizzata da significativi mutamenti fisici, cognitivi, emotivi e sociali. Questo periodo, che in genere va dai dieci ai diciannove anni, rappresenta una transizione dall'infanzia all'età adulta e comporta una serie di trasformazioni complesse che influenzano in modo profondo la vita di un individuo (Steinberg, 2014).

Fisicamente, l'adolescenza è segnata dalla pubertà, che porta a cambiamenti ormonali e corporei significativi. Questi cambiamenti possono includere l'aumento di altezza e peso, lo sviluppo di caratteristiche sessuali secondarie e alterazioni nella composizione corporea (Santrock, 2017).

Dal punto di vista cognitivo, gli adolescenti sviluppano capacità mentali più avanzate, come il pensiero astratto, la pianificazione a lungo termine e la valutazione delle conseguenze delle proprie azioni. Questo sviluppo cognitivo porta a una maggiore introspezione e a una consapevolezza più profonda delle proprie emozioni e di quelle degli altri (Steinberg, 2014).

A livello emotivo, gli adolescenti sperimentano una maggiore intensità e labilità. Le fluttuazioni ormonali contribuiscono alla manifestazione di sbalzi d'umore, e si diventa più sensibili alle esperienze emozionali. Questa fase è spesso caratterizzata dall'intensificarsi dei conflitti famigliari e dalla ricerca di indipendenza, con il desiderio di affermare la propria identità (Arnett, 1999).

Le fragilità emotive durante l'adolescenza includono un incremento del rischio di problemi psicologici come depressione, ansia, disturbi alimentari, comportamenti disfunzionali e tanti altri. L'insicurezza riguardo all'identità e al corpo, la pressione dei pari e le aspettative scolastiche possono contribuire a instillare un senso di inadeguatezza e stress (Erikson, 1968).

Un ambiente famigliare instabile, esperienze di abuso o negligenza, scarsa autostima e isolamento sociale sono tutti elementi che possono contribuire a esacerbare la vulnerabilità degli adolescenti, così come la presenza di traumi passati o di difficoltà economiche (Feldman, 2017). D'altra parte, esistono diversi fattori protettivi che possono mitigare i rischi e promuovere il benessere psicologico dei ragazzi. Tra questi, il sostegno famigliare e sociale, le relazioni positive con i pari, il successo scolastico e le opportunità di partecipazione ad attività extracurriculari. In particolare, un ambiente famigliare che fornisce affetto, stabilità e supporto emotivo può aiutare gli adolescenti a sviluppare resilienza e una sana autostima (Resnick et al., *1997).*

In conclusione, l'adolescenza è una fase di sviluppo tra le più complesse e delicate del ciclo di vita, caratterizzata da significativi cambiamenti fisici, emotivi e cognitivi. Comprendere questi cambiamenti e i fattori che influenzano il benessere dei ragazzi è cruciale per supportare il loro sviluppo verso l'età adulta, così come comprendere quali sono i fattori di rischio e i fattori protettivi permette di creare un ambiente tutelato che sappia guidare i giovani attraverso i cambiamenti sopra citati.

L'adolescenza è un periodo di transizione carico di trasformazioni e vulnerabilità. Durante questo periodo si formano le basi della personalità adulta, dove le esperienze che si vivono possono avere un impatto duraturo sul benessere psicologico e sociale. Le scelte fatte, le relazioni costruite e le difficoltà superate in questa fase influenzano profondamente la direzione della vita. Questo rende fondamentale una maggiore educazione e consapevolezza da parte delle famiglie: spesso, infatti, genitori e figure di riferimento non sono sufficientemente informati o preparati per riconoscere e soddisfare i bisogni emotivi e psicologici degli adolescenti. È essenziale diffondere una cultura famigliare e sociale che prenda atto delle complessità di questo periodo, promuovendo un ambiente di supporto e comprensione. Informare le famiglie sui fattori di rischio e protettivi può aiutare a prevenire situazioni di disagio e a favorire un sano sviluppo psicologico.

Non tutti i giovani, però, hanno la fortuna di poter contare su un sostegno famigliare adeguato: spesso, per vari motivi, si trovano ad affrontare le difficoltà da soli. È perciò cruciale creare e sviluppare risposte sociali che possano intervenire direttamente, offrendo supporto e orientamento: servizi di counseling e sostegno psicologico, programmi di mentoring e spazi sicuri dove gli adolescenti possano esprimere le proprie preoccupazioni e trovare ascolto. Purtroppo, tali iniziative di supporto spesso avvengono in modo molto frammentato e non sistematico. La maggior parte delle risposte efficaci proviene da associazioni locali, che operano con risorse limitate e dipendono da volontari appassionati e donazioni occasionali. Ricordiamo il lavoro di Luca, un esempio di come l'impegno individuale possa fare una grande differenza, ma non sia sufficiente. A livello nazionale le risorse sono poche e spesso inadeguate, e lasciano scoperte ampie aree, comprese quelle già riconosciute come ad alto rischio. Molte periferie, con le loro specifiche sfide sociali ed economiche, restano vulnerabili, perché mancano di programmi strutturati e continui di sostegno per i giovani. Questa disparità crea un divario preoccupante: i ragazzi che più avrebbero bisogno di aiuto e supporto rimangono spesso senza risorse idonee, e ciò fa sì che aumenti il rischio di isolamento, disagio e coinvolgimento in attività pericolose.

«Credo che l'adolescenza sia un periodo caratterizzato da molte difficoltà, date dalla comprensione dell'esistenza, della sofferenza, del male del mondo, della solitudine e dell'inquietudine che ogni essere umano, nel bene e nel male, sperimenta. È anche il periodo in cui ognuno per la prima volta si confronta da solo con il mondo esterno, lontano dal nucleo famigliare, scoprendo una società fatta anche di pregiudizi; è una fase durante la quale tutti iniziano a costruirsi una corazza, per proteggere la propria identità, o per compiacere il mondo circostante.»

In questo contesto difficile, Lauro ha trovato nella musica una via di fuga, un rifugio sicuro dove poteva essere veramente sé stesso. «Ho scoperto che la musica era l'unico modo per esprimere quello che provavo» spiega. La musica non è stata per lui solo una passione, ma è diventata un'àncora di salvezza, una necessità vitale: ogni nota, ogni testo era una valvola di sfogo, un modo per sopravvivere alla realtà opprimente delle strade. Ogni canzone diventava un mezzo per esternare la rabbia, la frustrazione e la solitudine che sentiva. «Era come se, attraverso la musica, potessi finalmente essere me stesso, senza paura di venir giudicato.» In questo spazio creativo, Lauro poteva dar voce alle sue emozioni più profonde, trasformando il dolore in arte.

Eppure, le sue prime esperienze con la musica sono state tutt'altro che semplici. La mancanza di risorse e di supporto rendeva il percorso piuttosto arduo. «Non avevo niente, solo un sogno e tanta voglia di farcela» racconta. I primi passi sono stati costellati di ostacoli e delusioni. Senza appoggi, si è trovato a combattere con tutte le sue forze per emergere. «Era una lotta continua, una sfida quotidiana.» Ogni fallimento, ogni porta chiusa in faccia, alimentava la sua determinazione, ma anche il suo senso di inadeguatezza.

Solo in seguito Lauro è riuscito a trasformare queste difficoltà in forza creativa. Tuttavia l'evoluzione non è stata immediata: a lungo è rimasto intrappolato nel suo dolore, incapace di vedere una via d'uscita. «Per molto tempo mi sono sentito un fallito, qualcuno che non ce l'avrebbe mai fatta a venire fuori dal proprio buco nero» confessa. La sensazione di fallimento gli faceva credere che il suo destino fosse già scritto e che non avrebbe mai avuto una seconda possibilità. Ogni giorno era una lotta per trovare un senso in ciò che gli succedeva, per non arrendersi alla disperazione.

Questa parte della sua vita, ricca di sfide e di dolori, è anche quella che ha contribuito a forgiarlo come artista. Le sue cicatrici, sia fisiche sia emotive, sono diventate la materia prima delle sue opere: è riuscito a trasformare il dolore in qualcosa di potente e significativo. La sua musica, intrisa di verità e di esperienze vissute, si è rivelata un mezzo per connettersi con il pubblico mostrandosi in tutta la propria umanità, per raccontare storie di sofferenza e di speranza.

Nonostante le difficoltà, la determinazione di Lauro pian piano ha iniziato a farsi strada, spingendolo a non arrendersi e incoraggiandolo a proseguire. «C'era qualcosa dentro di me che mi diceva di continuare a lottare, anche quando tutto sembrava contro» riflette. Questa voce interiore rappresentava la sua resilienza, la sua capacità di resistere nonostante le avversità. È stata proprio la sua determinazione che alla fine gli ha permesso di intravedere uno spiraglio di luce.

«Ogni progetto di vita comprende sacrifici e duro lavoro, sia nella professione sia nelle relazioni, sia in qualsiasi tipo di attività. Credo che il talento non valga nulla senza la dedizione e la ricerca delle opportunità. Il talento è una grande bugia. Bisogna cercare ciò che si ama e impegnarsi al massimo ogni giorno, accettando i fallimenti come parte integrante del percorso. È indispensabile saper fallire con entusiasmo: dopo cento fallimenti, il centunesimo tentativo ripagherà di tutto. Occorre mettersi in gioco, rischiare, seguire la propria visione, la voce nella testa che dice dove andare. Si deve amare ciò che si fa e tenere a mente che a volte le intuizioni sono la vera chiave di tutto. E ricordarsi di essere follemente innamorati del proprio sogno.»

Ho sempre trovato molto affascinante il concetto di talento, spesso visto come l'unica opzione per farcela. La società tende a celebrare e a riconoscere il talento come una qualità innata, un dono con cui si nasce e che inevitabilmente porta al successo: una condizione necessaria e sufficiente… Tuttavia, tante persone che ce l'hanno fatta, Lauro incluso, parlano molto più di determinazione e di duro lavoro che di talento. E se la vera chiave del successo risiedesse meno nelle doti intrinseche e più nella capacità di perseverare, di non arrendersi di fronte alle difficoltà?

TALENTO E DURO LAVORO

Il dibattito su ciò che determina il successo tra talento innato e duro lavoro è stato oggetto di studio e discussione in psicologia e nelle scienze sociali per molti anni. Il talento è spesso definito come una capacità naturale o una predisposizione verso un particolare compito o attività. Tuttavia, la ricerca suggerisce che il successo in vari campi sia il risultato di una combinazione di talento innato e impegno costante.

Quando si parla di talento innato ci si riferisce alle abilità che alcune persone possiedono senza la necessità di un allenamento continuo. In effetti, studi genetici hanno indicato che ci sono componenti ereditarie che influenzano capacità legate alla musica, all'arte e allo sport (von Stumm, Plomin, 2015). Tuttavia, anche i geni che predispongono a certe abilità necessitano di essere attivati e coltivati attraverso l'esperienza e l'allenamento. D'altra parte, il duro lavoro è riconosciuto come un fattore cruciale per raggiungere il successo. La «regola delle diecimila ore» di Malcolm Gladwell, basata sugli studi di Anders Ericsson, sostiene che sono necessarie circa diecimila ore di pratica deliberata per raggiungere l'eccellenza in qualsiasi campo (Ericsson, Krampe, Tesch-Römer, 1993). Questo concetto enfatizza l'importanza dell'impegno continuo e della pratica strutturata per sviluppare competenze elevate.

Recenti ricerche suggeriscono che il successo sia il risultato di un'interazione tra talento innato e duro lavoro. Duckworth e colleghi (2007), per esempio, hanno introdotto il concetto di «grit», definito come la combinazione di passione e perseveranza per obiettivi a lungo termine, dimostrando che la determinazione e la perseveranza possono superare le limitazioni del talento naturale.

Carol Dweck (2006) ha esplorato l'importanza della mentalità nel suo libro Mindset: The New Psychology of Success, *distinguendo tra mentalità fissa e mentalità di crescita. Le persone con una mentalità fissa sono convinte che le loro abilità siano statiche e immutabili, mentre quelle con una mentalità di crescita credono che le abilità possano essere sviluppate attraverso lo sforzo e la pratica. La mentalità di crescita è associata a una maggiore resilienza e a migliori risultati nel lungo periodo.*

In sintesi, mentre il talento innato può fornire un vantaggio iniziale, sono il duro lavoro, la pratica deliberata e una mentalità proiettata verso la crescita che determinano il successo a lungo termine. Il riconoscimento dell'importanza dell'impegno costante, insieme alla valorizzazione del talento, offre una visione equilibrata e motivante del percorso verso la riuscita.

Il percorso di Achille Lauro è un esempio lampante di come il duro lavoro e la determinazione possano portare al trionfo, anche quando le condizioni di partenza sono tutt'altro che favorevoli. Nella nostra intervista, Lauro stesso ha affermato che il successo nasce dall'amore infinito per ciò che si fa e dalla volontà di non mollare mai, nemmeno nei momenti più difficili. Questa considerazione trova riscontro nelle parole di altri artisti di successo, che spesso sottolineano l'importanza della tenacia e della capacità di riprendersi dai momenti di difficoltà e dai rifiuti.

Molti ci tengono a mettere in luce questo concetto, in primo luogo perché parlare solo di talento non rende giustizia a interminabili ore, giorni, settimane, mesi e anni di sacrifici. Ogni passo avanti, ogni piccolo miglioramento è il risultato di un impegno costante e di una pratica incessante. Gli artisti, così come tante altre persone di successo, hanno ben presente da dove sono partiti e dove sono arrivati, e notano l'enorme differenza che la pratica e la perseveranza hanno portato nelle loro vite.

In secondo luogo, riconoscere l'importanza del duro lavoro è un modo per demistificare la strada per la vittoria, rendendola più accessibile e motivante per gli altri. Quando le persone vedono che anche artisti di grande fama come Achille Lauro hanno iniziato dal basso e hanno dovuto lavorare duramente per migliorare, sono spinte a credere che pure loro possono raggiungere i propri obiettivi, indipendentemente dal loro punto di partenza. Tale riconoscimento rende il percorso verso il successo più umano e realizzabile, incoraggiando chiunque a non arrendersi di fronte alle difficoltà.

In questo contesto, la storia di Lauro diventa ancora

più significativa. Crescere in un ambiente difficile, senza le risorse o il supporto che molti danno per scontati, e riuscire comunque a emergere grazie alla propria forza di volontà, è un messaggio potente. Rinunciare a 1.500 euro a settimana «facili», seppur ottenuti in modo rischioso e illegale, non è un'ovvietà per chi sente di non avere niente, nemmeno prospettive per il futuro. È una lezione di vita che va oltre la musica e che può ispirare chiunque si trovi a combattere contro le avversità.

«Se potessi dare un consiglio a un ragazzo, gli direi che non esistono scorciatoie, che il sapere è la più grande ricchezza e che fare del bene porta altro bene, e viceversa. Gli suggerirei di ascoltare il cuore, di rincorrere le opportunità, di essere pronto a lasciarsi tutto alle spalle per avere in cambio i propri sogni realizzati. Quando senti che qualcosa è giusto, seguilo; e se una cosa ti imbarazza, falla.

«Non commettere l'errore di pensare che la felicità sia l'avere successo. Essere felici è inseguire il sogno che hai fin da bambino. È felice semplicemente chi si sveglia la mattina contento di ciò che ha costruito.»

Con Rosa abbiamo esplorato il tema dell'arte come terapia, analizzando la scrittura espressiva e l'atto di comporre musica in momenti di sofferenza. Lauro ha condiviso esperienze simili, rivelando una profonda connessione tra la creatività e la guarigione emotiva. Non è un caso che i due artisti abbiano collaborato e sviluppato un'affinità che va oltre il lavoro. Per entrambi, scrivere musica non è stato solo un atto di rivincita personale e rinascita, ma anche un mezzo per rifiorire interiormente e costruire una psiche resiliente.

Per Rosa la musica è stata una via per elaborare i traumi e le perdite, trasformando il dolore in arte. Allo stesso modo, Lauro l'ha utilizzata come un rifugio, un luogo dove poter esprimere la rabbia, la frustrazione e la solitudine. Per tutti e due la creatività è diventata una forma di resistenza contro le avversità, permettendo loro di riscrivere la propria storia e di uscirne più forti.

La collaborazione tra Rosa e Lauro rappresenta anche una condivisione di percorsi di vita simili, dove l'arte ha giocato un ruolo fondamentale nel processo di guarigione. Entrambi hanno trovato nella musica una compagna fedele, capace di dare voce alle emozioni più profonde e di offrire loro una via d'uscita dalle difficoltà.

«La musica è stato il mio modo per conoscermi, per esprimere il mio stato d'animo. Chi compone è come un fotografo documentarista, un pittore, uno psichiatra che analizza i propri problemi rileggendoli. Per me scrivere è stata una terapia, mi ha curato nei momenti difficili, quando da ragazzo soffrivo di solitudine e non avevo persone con cui parlare. La musica è stata una grande amica e una salvezza.»

Lauro è fortemente impegnato a diffondere la consapevolezza nel campo della salute mentale, usando la sua visibilità e la sua voce per portare messaggi di supporto e speranza.

Attraverso la sua musica, le interviste e i suoi profili social, si dedica a sensibilizzare il pubblico sull'importanza del benessere psicologico, soprattutto in tempi di crisi e incertezza com'è stata e continua a essere la pandemia e il postpandemia. È convinto che alla salute mentale debba essere attribuita la stessa importanza della salute fisica, e che cercare aiuto non sia un segno di debolezza, bensì di coraggio e di forza. La sua stessa esperienza di vita, segnata da momenti di difficoltà e solitudine, lo ha reso particolarmente attento a queste tematiche. Crede moltissimo nell'educazione e nella necessità di rompere il silenzio e lo stigma che circondano la salute mentale, e incoraggia le persone a parlare apertamente delle loro esperienze, a condividere le proprie lotte e a cercare supporto senza vergogna. La sua voce non solo risuona tra i fan, ma contribuisce anche a creare un dialogo più aperto e onesto su questi argomenti.

Tuttavia, l'impegno di Lauro per la promozione della salute mentale va oltre le parole. Ha collaborato con diverse organizzazioni per supportare la psicoterapia, partecipando a campagne di sensibilizzazione e sostenendo iniziative che mirano a fornire risorse e aiuto a chi ne ha bisogno. Per esempio, ha spesso parlato dell'importanza di affrontare le proprie paure e insicurezze, incoraggiando i suoi fan a non vergognarsi di chiedere aiuto. La sua partecipazione a questo libro è un'ulteriore dimostrazione del suo impegno nel voler offrire supporto e risorse a chi ne ha bisogno. Condividendo la sua esperienza, vuole dimostrare che prendersi cura della propria salute mentale è fondamentale per vivere una vita piena e soddisfacente.

Lauro ritiene che la stigmatizzazione di chi cerca supporto

psicologico sia un problema radicato nella nostra società, ed è convinto che per combattere questo stigma sia fondamentale promuovere l'educazione e la consapevolezza. Aprirsi sui propri problemi mentali può normalizzare la ricerca di aiuto e mostrare che non c'è nulla di sbagliato nell'affrontare le proprie difficoltà mentali. Per questo condivide la sua esperienza: per avere un impatto positivo sui suoi fan e su chiunque si trovi in situazioni simili; perché, vedendo una figura pubblica parlare apertamente di salute mentale, le persone possono sentirsi meno sole e più incoraggiate a cercare supporto.

«Il messaggio che vorrei condividere con i lettori è che chiedere aiuto è un segno di forza, non di debolezza. È importante ricordare che tutti abbiamo momenti difficili, e che parlare di salute mentale dovrebbe essere considerato normale come parlare di salute fisica. Promuovendo un dialogo aperto e accogliente, possiamo contribuire a creare una società più empatica e comprensiva, dove nessuno si senta giudicato per aver cercato il supporto di cui ha bisogno.»

Tornando all'espressione con cui si era definito lui stesso in passato, «un pessimo esempio», mi rendo conto di come oggi, mentre dice queste parole, non possa che essere considerato l'opposto: è evidente una nuova maturità nel suo percorso di crescita e conoscenza di sé stesso. Lauro dice anche di essere un miracolato. Non so se sia stato un miracolo o il risultato di duro lavoro e coincidenze fortunate, ma è difficile non concordare con lui sul fatto che gli è accaduto qualcosa di eccezionale: nella periferia in cui è cresciuto, la maggioranza delle persone rimane intrappolata; alcuni riescono a distaccarsi dalla mentalità negativa, ma molti altri vi restano incastrati, con conseguenze spesso gravi.

«Oggi sto bene. Oggi so che forse nessuno è pronto per affrontare la vita e, di conseguenza, forte di questa consapevolezza, mi sento in grado di fare il possibile per rendere la mia vita, e quella delle persone che incontrerò, migliore.»

Achille Lauro ci ha dimostrato che, nonostante le difficoltà e gli ostacoli, è possibile trovare una via di fuga e di espressione attraverso la creatività. Cresciuto in un ambiente difficile, senza il sostegno di una figura genitoriale assente e circondato da cattivi esempi, ha saputo trasformare il suo dolore e la sua rabbia in arte, trovando nella musica un rifugio sicuro e un mezzo per raccontare la propria storia e ispirare milioni di persone. Un lieto fine non scontato, che dà speranza e ci ricorda che il successo non è mai frutto solo di una predisposizione innata, ma anche di duro lavoro, perseveranza e passione.

La sua storia di successo insieme alle sue esperienze di vita, segnate da sfide immense, avrebbero potuto allontanarlo dal «mondo reale» e convincerlo di essere superiore, invece lo hanno reso empatico e particolarmente sensibile alle tematiche della salute mentale.

Mi sono trovata a parlare con una persona genuinamente

preoccupata per la società in cui viviamo, per i ragazzi che lo ascoltano e gli hanno permesso di diventare un cantante di grande successo. Guardando il personaggio Achille Lauro, una persona superficiale potrebbe vedere un ragazzo un po' strambo, sopra le righe; invece Lauro è un uomo che ha attraversato il dolore ed è risalito fino al successo senza perdere l'ancoraggio con la realtà e la sua profonda connessione con l'altro. Un artista che fa della sua musica e del suo personaggio un messaggio per chi lo ascolta, una mano tesa verso l'altro.

La storia di Lauro, con il suo finale così diverso, ci ricorda che ognuno di noi ha il potere di riscrivere anche la propria, di storia. Sapere che con determinazione, passione e un po' di fortuna si può superare qualsiasi ostacolo e realizzare i propri sogni è un faro di speranza per tutti coloro che si trovano a combattere le proprie battaglie.

Il potere delle storie

Che cosa vuol dire raccontare un pezzo della propria storia? Vuol dire aprirsi con qualcuno, esternare quello che abbiamo dentro, i nostri ricordi, le nostre emozioni, trasformarli in parole, dar loro voce e porgerle all'altro, affinché le ascolti e le faccia sue. È un processo difficile, a volte doloroso, in cui si annida il rischio dell'incomprensione, di non riuscire a dare il giusto peso e significato alle cose che tiriamo fuori. Eppure, può essere un atto salvifico, generoso, un fiducioso salto nel vuoto ripagato con ascolto e comprensione.

La condivisione del proprio mondo interiore è il pilastro su cui si fonda la terapia psicologica, ma non solo: è la base del vivere comune, della compassione, delle amicizie e dell'amore. Quante cose magnifiche stanno dietro il racconto di un pezzo della nostra storia, e quanto bene questo può fare sia a chi racconta sia a chi ascolta!

Ecco la forza di questo libro, delle pagine che avete appena finito di leggere: la condivisione e l'ascolto. Le storie che ho raccolto sono testimonianze potenti, che possono favorire la comprensione e l'accettazione delle esperienze che viviamo noi stessi e le persone intorno a noi, o anche solo aprire una nuova finestra su un mondo fatto di cose che non comprendiamo bene, ma che ora sappiamo che esistono e che potremmo voler approfondire. Ognuna di queste storie è un atto di coraggio che rompe il silenzio, sfida lo stigma che circonda la salute mentale e cerca di sensibilizzare le persone su tematiche fondamentali per la vita di tutti noi e dei nostri cari.

Partendo dalle parole di Luca, Tania, Gianluca, Rosa e Lauro, si può creare un effetto domino potente, quello che si crea ogni volta che qualcuno parla delle proprie battaglie interiori, difficoltà, sofferenze psicologiche e sfide della vita, superate o meno. Ogni storia condivisa lega chi scrive e chi legge, chi racconta e chi ascolta, e rafforza l'idea che la vulnerabilità non sia una debolezza, bensì una dimostrazione di evoluzione personale, e quindi di forza interiore. Le esperienze di queste persone ci mostrano che condividere le proprie lotte aiuta a spezzare il silenzio e ispira altri a fare lo stesso. Il loro coraggio risuona come un invito: parlate, condividete, sostenetevi a vicenda!

Gianluca ci parla di come il bullismo scolastico abbia lasciato in lui cicatrici profonde, ma anche di come abbia imparato a superare quelle violenze a modo suo. Rosa condivide la devastazione e il vuoto lasciato dalla morte della sua mamma, e racconta che, attraverso il lutto, ha trovato una nuova consapevolezza e una connessione più profonda con sé stessa e con gli altri. Lauro ci narra di un'infanzia segnata dall'abbandono, di quanto sia stato difficile trovare la sua strada in una realtà che troppo spesso lo ha lasciato solo. Tania ci porta nel mondo delle aspettative sociali, mostrandoci la sua lotta contro le pressioni esterne grazie alla quale, infine, ha trovato la libertà di essere sé stessa. Luca condivide la sua esperienza di «diverso» che vive in una società che esclude tante persone con bisogni speciali. Io ho raccontato un periodo che mi ha fatto perdere la serenità, mettendomi, in un'età complessa come quella dell'adolescenza, a contatto con il difficile tema della morte. La mia storia è quella di una persona che deve confrontarsi per la prima volta con la sua salute mentale, e, come molti altri, si scontra con la paura e lo stigma, prima di trovare un nuovo equilibrio.

Queste storie non solo ci possono toccare profondamente, ma ci insegnano anche lezioni preziose. Alcune possono risuonare con le nostre vite, altre con quelle dei nostri cari, altre ancora possono sembrare nuove e mai sentite prima. Le nostre personali esperienze potrebbero trovarsi in queste pagine, sorprendentemente simili o meno simili, oppure no. D'altronde la psicologia è una disciplina vasta, che abbraccia un'ampia gamma di fenomeni, sintomi, segni, diagnosi, processi cognitivi e orientamenti. È un campo in continua evoluzione, che offre sempre nuove scoperte, e i professionisti della salute mentale in primis non le riscontreranno mai tutte, neanche dopo tanti anni di lavoro. Ciò semplicemente per dire che in questo libro c'è forse un 1% della psicologia e dei fenomeni legati alla mente umana, non di più.

Ed eccoci alla parte più concreta del volume: il potenziale di cambiamento reale e tangibile che le storie raccontate portano anche al di fuori di queste pagine.

Dopo aver letto la testimonianza di Tania sulla lotta contro la pressione sociale, per esempio, molte persone potrebbero trovare il coraggio di ammettere le proprie ansie e di cercare un supporto professionale per vivere meglio le situazioni che generano preoccupazioni. La storia di Gianluca potrebbe spingere alcuni lettori a diventare volontari in organizzazioni che si occupano di giovani vittime di bullismo, o ad affrontare la propria personale lotta contro una scarsa autostima derivante dai tempi della scuola, o anche solo a stare più attenti alla sensibilità di un adolescente con cui si relazionano e notare segnali di ritiro sociale. Rosa, con il suo percorso di lutto e la sua nuova consapevolezza, e Luca, con il suo impegno per i diritti delle persone con bisogni speciali, potrebbero ispirare la formazione di gruppi di supporto per coloro che hanno subito perdite simili o per genitori di bambini con disabilità, creando comunità di sostegno emotivo, o semplicemente far tendere una mano in più ai propri cari nei momenti di difficoltà. Potrebbero anche motivare qualcuno a parlare di come un lutto continui a far male dopo tanto tempo, portando con sé sensi di colpa, frustrazione o vuoto. Inoltre, chi si riconosce nella storia di Lauro e ha vissuto l'abbandono e la solitudine potrebbe sentirsi meno solo e trovare la spinta per parlarne, iniziando così un percorso di guarigione.

Sto immaginando un futuro che queste pagine non hanno ancora avuto, e potrei peccare di ottimismo, però io vedo tutto il loro potenziale, perché sono sicura che queste testimonianze dimostreranno che condividere le proprie esperienze non solo rompe il silenzio, ma può anche innescare un movimento di solidarietà e ascolto, promuovendo un ambiente più empatico e inclusivo.

Guardando avanti, la nostra visione è chiara: continuare a costruire una rete di supporto e comprensione, ampliando sempre di più la comunità di chi sceglie di non restare in silenzio, di chi aiuta a normalizzare le difficoltà e le vulnerabilità e a prendersi cura di sé stessi, fino a quando non ci sarà più bisogno di parlarne perché sarà ormai considerato «normale».

Voglio quindi concludere con un invito, perché questo libro non porti solo la mia storia e quelle delle persone intervistate, ma sia anche uno strumento per raccontare la vostra e andare ben oltre queste pagine: unitevi a noi!

Condividete la vostra esperienza personale scansionando il QR code che trovate alla fine di questo capitolo. Nella pagina in cui atterrerete troverete le storie di chi ha scelto di farlo, e potrete aggiungere la vostra. Se lo desiderate sarà anonima, ma visibile a tutti, per proseguire ciò che abbiamo iniziato con questo libro: raccontare, far riflettere, sensibilizzare, far comprendere, empatizzare, agire positivamente. Insieme, possiamo fare la differenza: ogni storia è importante, ogni voce conta, non siamo soli.

Come abbiamo già detto, affrontare i propri problemi, dar loro voce, raccontarsi, è faticoso, molte volte doloroso. A questo si può anche aggiungere una questione che chiamerei dell'«acqua sotto i ponti». Se riteniamo le nostre esperienze ormai superate, elaborate, se il tempo e la crescita personale ne hanno sfumato i contorni e le hanno rese meno presenti nel nostro vissuto quotidiano, meno impattanti, viene da chiedersi: perché rivangare? A chi serve ritirarle fuori?

Vi invito però a non dare ascolto a queste obiezioni, a non credere che la vostra storia sia meno importante di quella di chiunque altro: è invece fondamentale, perché è la vostra, unica e importante proprio nel suo essere potenzialmente simile ad altre. Non sapete quante persone possono connettersi con voi, essere toccate dal vostro racconto, giovare del sentirsi meno sole. La vostra unicità saprà sicuramente parlare all'unicità di qualcun altro. Non importa in quanti vi leggano, quanto seguito abbiate, basta un lettore o una lettrice che mostri interesse per fare la differenza, per rendere essenziale il vostro racconto e la vostra condivisione. E, anche se per voi ormai è una questione passata, già elaborata, che non fa più male come una volta, potrebbe essere molto attuale per qualcun altro, e il fatto che voi l'abbiate superata può essere proprio il finale di cui ha bisogno chi vi è ancora immerso.

Ci vuole coraggio, ma anche un po' di orgoglio per la propria voce, per quello che si può raccontare. E se voi non lo avete, lo avrò io per voi: fidatevi di me, raccontate la vostra storia. È importante, è essenziale.

Eccoci dunque giunti alla fine di queste pagine, ricche di spunti, approfondimenti, temi, ma soprattutto di voci e condivisione, esperienze, ascolto e problematizzazione.

Grazie per aver preso parte a questo viaggio, per il vostro coraggio e per la vostra determinazione a rendere il mondo un posto migliore per tutti noi. Continuate a raccontare, a sostenere e a combattere. Insieme, possiamo creare un mondo dove prendersi cura della propria salute mentale sia considerato, finalmente, «normale».

Fai parte del cambiamento!

Danila De Stefano
Psicologa, CEO & Founder di Unobravo

Ringraziamenti

QUANDO ho iniziato a lavorare a questo progetto, chiedendomi chi avrei potuto contattare per parteciparvi – volevo coinvolgere persone con storie diverse, per offrire una prospettiva ricca e variegata sulla realtà del benessere psicologico –, mi sono resa conto di quanto sia ancora forte la censura che circonda il tema della salute mentale. Nonostante il mio ottimismo, alcuni si sono mostrati riluttanti a parlare apertamente e a raccontarsi, per il timore di un danno reputazionale. Questo mi ha sorpreso: speravo che i tempi fossero ormai maturi per una risposta diversa, almeno in certi casi. Mi sono quindi trovata a riflettere nuovamente sulla serietà e la pervasività delle sfide che dobbiamo ancora superare. Da «esperta di stigma», che dovrebbe conoscere bene il fenomeno, credevo onestamente che sarebbe stato più facile di come invece si è rivelato.

Per questo motivo, desidero ringraziare dal profondo del cuore coloro che hanno scelto di condividere la propria storia, di «metterci la faccia», in quanto, come me, credono fermamente che la salute mentale non debba più essere un tabù. Il vostro contributo è essenziale e profondamente apprezzato, perché il coraggio che avete dimostrato non solo arricchisce queste pagine, ma concorre in modo attivo a combattere lo stigma, illuminando il cammino verso una comprensione e un'accettazione più ampie.

Grazie di cuore a Luca, Tania, Gianluca, Rosa, Lauro.

Ringrazio inoltre chi ha contribuito alla realizzazione concreta di questo libro. Grazie ai miei colleghi, al team di Sperling & Kupfer e a tutti i professionisti coinvolti.

Un ringraziamento speciale va anche a voi lettori, voi che siete arrivati a leggere fino all'ultima pagina e che utilizzerete il QR code per condividere la vostra storia o meno. Anche il vostro coraggio è fondamentale per costruire una comunità che si sostiene a vicenda, combatte il pregiudizio e mira al benessere.

Grazie a tutti. Insieme possiamo entrare dentro le menti, rompere i tabù e contribuire a creare un mondo dove la cura della salute mentale sia compresa e accettata senza pregiudizi.

Bibliografia

ACKERMANN, S., HARTMANN, F., PAPASSOTIROPOULOS, A. *et al.* (2013), «Associations between basal cortisol levels and memory retrieval in healthy young individuals», in *Journal of Cognitive Neuroscience*, 25(11), pp. 1896-1907. doi.org/10.1162/jocn_a_00440.

AINSWORTH, M.D.S. (1989), «Attachments beyond infancy», in *American Psychologist*, 44(4), pp. 709-716. doi.org/10.1037/0003-066X.44.4.709.

APA - AMERICAN PSYCHIATRIC ASSOCIATION (2023), *DSM-5-TR®. Manuale diagnostico e statistico dei disturbi mentali* (5ª ed.), Raffaello Cortina, Milano.

ARNETT, J.J. (1999), «Adolescent storm and stress, reconsidered», in *American Psychologist*, 54(5), pp. 317-326. doi.org/10.1037/0003-066X.54.5.317.

BOWLBY, J. (1980), *Loss: Sadness and Depression, Attachment and Loss*, vol. 3, Basic Books, New York.

CHILDREN'S HOSPITAL OF PHILADELPHIA (2020), *Recognizing Depression in Your Child or Teen: Two Key Signs*. www.chop.

edu/news/health-tip/recognizing-depression-your-child-or-teen-two-key-signs.
Cicchetti, D., Toth, S.L. (1995), «A developmental psychopathology perspective on child abuse and neglect», in *Journal of the American Academy of Child & Adolescent Psychiatry*, 34(5), pp. 541-565. doi.org/10.1097/00004583-199505000-00008.
Duckworth, A.L., Peterson, C., Matthews, M.D. *et al.* (2007), «Grit: Perseverance and passion for long-term goals», in *Journal of Personality and Social Psychology*, 92(6), pp. 1087-1101. doi.org/10.1037/0022-3514.92.6.1087.
Dweck, C.S. (2006), *Mindset: The New Psychology of Success*, Random House, New York.
ENPAP - Ente nazionale di previdenza e assistenza per gli psicologi (2023), *Redditi e dati 2022-2023*, www.enpap.it/news/2023/12/enpap-redditi-e-dati-2022-2023.
Ericsson, K.A., Krampe, R.T., Tesch-Römer, C. (1993), «The role of deliberate practice in the acquisition of expert performance», in *Psychological Review*, 100(3), pp. 363-406. doi.org/10.1037/0033-295X.100.3.363.
Erikson, E.H. (1968), *Identity: Youth and Crisis*, Norton, New York.
Feldman, R.S. (2017), *Development Across the Life Span* (8th ed.), Pearson, Boston.
Florida Program for Behavioral Health Improvements and Solutions (2021), *Depression in Adolescents.* https://floridabhcenter.org/child-guidelines/2022-2023-major-depression-medication-guidelines-for-children-and-adolescents/

Gambirasio, M., Ivaldi, S., Mainieri, *et al.* (2024), *Unobravo*, in I. Pais (a cura di), *Il welfare alla prova delle piattaforme. Lavoro e servizi di cura nella transizione digitale*, Fondazione Feltrinelli, Milano, pp. 171-202. hdl.handle.net/10807/276539.

Gardner, F.L., Moore, Z.E. (2017), «Mindfulness-based and acceptance-based interventions in sport and performance contexts», in *Current Opinion in Psychology*, 16, pp. 180-184. doi.org/10.1016/j.copsyc.2017.06.001.

Gussak, D.E., Rosal, M.L. (2016), *The Wiley Handbook of Art Therapy*, Wiley, Hoboken (NJ).

Gustafsson, H., Skoog, T., Davis, P. *et al.* (2015), «Mindfulness and its relationship with perceived stress, affect, and burnout in elite junior athletes», in *Journal of Clinical Sport Psychology*, 9(3), pp. 263-281. doi.org/10.1123/jcsp.2014-0051.

Hanton, S., Fletcher, D., Coughlan, G. (2005), «Stress in elite sport performers: a comparative study of competitive and organizational stressors», in *Journal of Sports Sciences*, 23(10), pp. 1129-1141. doi.org/10.1080/02640410500131480.

Horvath, A.O., Del Re, A.C., Flückiger, C. *et al.* (2011), «Alliance in individual psychotherapy», in *Psychotherapy*, 48(1), pp. 9-16. doi.org/10.1037/a0022186.

Jones, M.V. (2012), «Emotion regulation and performance», in S.M. Murphy (a cura di), *The Oxford Handbook of Sport and Performance Psychology*, Oxford University Press, Oxford, pp. 154-172, doi.org/10.1093/oxfordhb/9780199731763.013.0008.

Keller, J. (2020), «Recognizing depression in your child or teen: two key signs», in *Children's Hospital of Philadelphia*, https://www.chop.edu/news/health-tip/recognizing-depression-your-child-or-teen-two-key-signs.

Kübler-Ross, E. (2000), *La morte e il morire*, Cittadella, Assisi.

Ladd, G.W. (2005), *Children's Peer Relations and Social Competence. A Century of Progress*, Yale University Press, New Haven (CT).

Lipson, S.K., Lattie, E.G., Eisenberg, D. (2019), «Increased rates of mental health service utilization by U.S. college students: 10-year population-level trends (2007-2017)», in *Psychiatric Services*, 70(1), pp. 60-63. doi.org/10.1176/appi.ps.201800332.

Malchiodi, C.A. (2003), *Handbook of Art Therapy*, Guilford Press, New York.

McNiff, S. (2004), *Art Heals: How Creativity Cures the Soul*, Shambhala Publications, Boulder (CO).

National Institute of Mental Health, *Mental Illness*, aggiornato a: marzo 2023, www.nimh.nih.gov/health/statistics/mental-illness.

Norcross, J.C., Lambert, M.J. (2018), «Psychotherapy relationships that work III», in *Psychotherapy*, 55(4), pp. 303-315. doi.org/10.1037/pst0000193.

Norcross, J.C., Lambert M.J., (2019), *Psychotherapy Relationships That Work: Evidence-Based Responsiveness* (3rd ed.), Oxford University Press, Oxford.

Oberg, K. (1960), «Cultural shock: adjustment to new cultural environments», in *Practical Anthropology*, 7, pp. 177-182. doi.org/10.1177/009182966000700405.

Oei, N.Y.L., Everaerd, W.T.A.M., Elzinga, B.M. *et al.* (2006), «Psychosocial stress impairs working memory at high loads: an association with cortisol levels and memory retrieval», in *Stress*, 9(3), pp. 133-141. doi.org/10.1080/10253890600965773.

Olweus, D. (1993), *Bullying at School: What We Know and What We Can Do*, Blackwell, Oxford.

Panchal, U., Salazar de Pablo, G., Franco, M. *et al.* (2023), «The impact of COVID-19 lockdown on child and adolescent mental health: systematic review», in *European Child & Adolescent Psychiatry*, 32(7), pp. 1151-1177. doi.org/10.1007/s00787-021-01856-w.

Pennebaker, J.W. (1990), *The Psychology of Physical Symptoms*, Springer-Verlag, New York.

Pennebaker, J.W. (1997), *Opening Up: The Healing Power of Expressing Emotions*, Guilford Press, New York.

Pennebaker, J.W., Beall, S.K. (1986), «Confronting a traumatic event: toward an understanding of inhibition and disease», in *Journal of Abnormal Psychology*, 95(3), pp. 274-281. doi.org/10.1037/0021-843X.95.3.274.

Pull, C.B. (2007), «Combined pharmacotherapy and cognitive-behavioural therapy for anxiety disorders», in *Current Opinion in Psychology*, 20(1), pp. 30-35. doi.org/10.1097/YCO.0b013e3280115e52.

Resnick, M.D., Bearman, P.S., Blum, R.W. *et al.* (1997), «Protecting adolescents from harm: findings from the national longitudinal study on adolescent health», in *JAMA - The Journal of the American Medical Association*, 278(10), pp. 823-832. doi.org/10.1001/jama.1997.03550100049038.

Rigby, K. (2003), *Stop the Bullying: A Handbook for Schools*, ACER Press, Melbourne.

Santrock, J.W. (2017), *Life-Span Development* (16th ed.), McGraw-Hill, New York.

Sauro, M.D., Jorgensen, R.S., Pedlow, C.T. (2003), «Stress, glucocorticoids, and memory: a metaanalytic review», in *Stress - The International Journal on the Biology of Stress*, 6(4), pp. 235-245. doi.org/10.1080/10253890310001616482.

Smith, A., Pacewicz, C., Raedeke, T. (2019), «Athlete burnout in competitive sport january», in *Advances in Sport and Exercise Psychology*, Human Kinetics, Champaign (IL), pp. 409-424. doi.org/10.5040/9781492595199.ch-022.

Smith, P.K., Brain, B. (2000), «Bullying in schools: lessons from two de Smith, A., Pacewicz, C., Raedeke, T. (2019) cades of research», in *Aggressive Behavior*, 26(1), pp. 1-9. doi.org/10.1002/(SICI)1098-2337(2000)26:1<1::AID-AB1>3.0.CO;2-7.

Smith, P.K., Cowie, H., Blades, M. (2012), *Understanding Children's Development* (5th ed.), Wiley, Hoboken (NJ).

Steinberg, L. (2014), *Age of Opportunity: Lessons from the New Science of Adolescence*, Houghton Mifflin Harcourt, New York.

Stroebe, M., Schut, H. (1999), «The dual process model of coping with bereavement: rationale and description», in *Death Studies*, 23(3). doi.org/10.1080/074811899201046.

Turnbull, A., Taylor, R., Shank, M. *et al.* (2003), *Exceptional Lives: Special Education in Today's Schools*, Pearson, Londra.

Twenge, J., Campbell, W.K. (2019), «Media use is linked to lower psychological well-being: evidence from three datasets», in *The Psychiatric Quarterly*, 90(2), pp. 311-331. doi.org/10.1007/s11126-019-09630-7.

von Stumm, S., Plomin, R. (2015), «Socioeconomic status and the growth of intelligence from infancy through adolescence», in *Intelligence*, 48, pp. 30-36. doi.org/10.1016/j.intell.2014.10.002.

Ward, C., Bochner, S., Furnham, A. (2001), *The Psychology of Culture Shock*, Routledge, Londra.

Wilkinson, R. (2006), *The Impact of Inequality: How to Make Sick Societies Healthier*, The New Press, New York.

Wilkinson, R., Chilton, G. (2013), «Positive Art Therapy: Linking Positive Psychology to Art Therapy Theory, Practice, and Research», in *Art Therapy*, 30(1), pp. 4-11. doi.org/10.1080/07421656.2013.757513.

Worden, J.W. (2009), *Grief Counseling and Grief Therapy: A Handbook for the Mental Health Practitioner*, Springer Publishing Company, New York.

Zilcha-Mano, S. (2017), «Is the alliance really therapeutic? Revisiting this question in light of recent methodological advances», in *American Psychologist*, 72(4), pp. 311-325. doi.org/10.1037/a0040435.

Certificato PEFC
Questo prodotto è realizzato con materia prima da foreste gestite in maniera sostenibile e da fonti controllate
PEFC
PEFC/18-31-226
www.pefc.it

GRAFICA VENETA
GV CARBON NEUTRAL

Questo libro è fabbricato da Grafica Veneta S.p.A.
con un processo di stampa e rilegatura certificato 100% carbon neutral
in accordo con PAS 2060 BSI

Finito di stampare presso Grafica Veneta S.p.A.
Via Malcanton, 2 – Trebaseleghe (PD)
su carta HOLMEN
con fibra vergine proveniente da foreste sostenibili holmen.com/paper
Printed in Italy

Prova d'acquisto
978-88-200-8066